故園行
粵港澳大灣區
「文化尋根」主題攝影
中華書局

三、家國為先
崇源奉國

珠三角

粵東、粵西、粵北

二、 以文為魂 崇文尚德

珠三角

粵東、粵西、粵北

目錄

一、 血緣為根 崇宗敬祖

珠三角

粵東、粵西、粵北

故園永遠是遊子心中的一輪明月，清輝不被雲彩遮掩，每當寂寞中夜，撫慰着遊子的思鄉之情。

隨着時光的推移以及世事的變遷，人生與故園的關聯方式也在逐漸演變。我們的內心總在尋根。我們的雙脚屢屢想要親吻故鄉的土地，却似乎越來越不容易。今天我們與故園的聯繫，更多的是通過且依賴各種媒介產品。但是心之所繫，永志不忘。故園情已然成為我們文化生命的重要成分，默默守護我們的人生，陪伴着我們的身心前行……

本書的攝影作品，是由廣東省出版集團、聯合出版集團組織攝影家跋山涉水，專程到南粵各地拍攝的。攝影家們携帶着尋根的理想而踏上故園行，用攝影作品為我們展示了廣東的村莊、屋宇、牌樓，以及人們在故園場景中的文化活動。有些攝影家還將鏡頭逗留在建築物的細部，逗留在一些沾染了歲月光華的舊物件上。不管是宏觀展現還是細部刻畫，這些圖片無不滲透出嶺南山水的靈性，浸潤着粵地歷史的烟火氣，寄托着人們的故園之思。

這一幀幀圖片，既是家鄉風景，又富有人文內涵；既是當下的真實記錄，又漫溢懷舊的真摯感情；既濃縮了家鄉的美景，又寄托着遊子對故土的念想。故園的春風養育了一代代風流人物。許多前輩名人，曾伴隨流光出入其中。他們傳奇的身影演繹着故園的故事，映照着故園的溫情。在感受山水、建築、民俗的同時，我們可以從這些照片裏，看到老去與新生的交替，深深體會到時間的久遠、傳統的賡續、審美的溫暖以及情感的綿延。

攝影家們運用各種拍攝手段和藝術技巧，在呈現故園厚重歷史感的同時，也着實為我們增添了故園的親切感，並且張揚着溫馨的美感，使這些圖片充滿感染力，成為故園情的忠實記錄和縱情延伸。它們不但是時空的真實記錄，而且是歷史的厚重思考，同時也給予我們藝術的享受。

粵港澳大灣區的規劃是一次新的歸納、組合與概括，正凝聚灣區人民共同的理想和願望，編織地域和文化的紐帶，打造新時代的新輝煌。南粵大地作為其中的重要板塊，正以其濃濃鄉思，為我們的故園情添加嶄新的內容。

故園，永不消逝的生命亮點，我們的根之所繫，一種永不停歇的文化源流。

故園情，人生的不老情！

徐南鐵

2025 年 2 月 5 日

序言

美麗的故園，是我們生命的沃土、人生的文化原點，是我們不可更改的徽號，也是我們在茫茫人海中尋找認同的某種標記。

在漫漫人類歷史上，無論社會怎樣劃分地域、劃分政區、劃分屬地，以至劃分國土，故園都是我們難以割裂的存在；無論我們怎樣依照東西南北或者山河走勢，用以指定我們的出生地，勾勒我們的生命軌迹，故園總是不容置疑地依附着腳下的那塊土地，緊緊擁抱着我們的心靈。

雖然，今日的我們很可能早已遠離了故園，奔波於千里萬里之外，或許已經在另一塊土地上扎下了根，甚至與故園遠隔重洋；但是故園的根系一直埋在我們內心的深處，故園的文化印記却深深藏在我們的血肉之中，烙在我們心上。

雖然，今日的我們或許只能在父輩的描述和圖文的記載中，隔空遙望，在夢裏傾訴故園情愫；但是老屋的身影却牢牢維繫着我們的鄉愁，讓我們徘徊在那些遠逝的影像和故事裏，尋找祖輩的歲月之光。

春花秋月何時了，萬水千山總是情。廣東有約 3000 萬海外華僑華人，佔中國海外華僑華人人數的一半以上，足迹遍佈 160 多個國家和地區，更有約 600 萬港澳同胞與這片熱土血脉相連。無論身在何處，

此次活動我們邀請了約 30 名粵港澳台攝影家，深入廣東 21 個地市，拍攝記錄與港澳有歷史淵源的祖屋、宗祠、名人故居等建築遺存。這批精彩的圖像，展現了嶺南建築獨一無二的藝術價值以及它們承載的家族記憶與文化智慧。這不僅是對歷史建築的影像記錄，更是對嶺南傳統文化的深度挖掘。希望藉助此類文化尋根活動，讓越來越多的港澳新生代重走根親路，共續血脉情，在不斷尋根、傳承的過程中，更直觀地感知中華文化精髓，深化對「同根同源」的認知。

站在粵港澳大灣區建設的歷史節點，我們更加深刻地認識到：文化不僅是區域發展的「軟實力」，更是推動高質量發展的「硬支撐」。當前，粵港澳三地正以「人文灣區」建設為抓手，推進文化遺產保護傳承工程、嶺南文化「雙創」工程，打造世界級旅遊目的地和數字文化中心。值此之際，本攝影集的出版，正是對這一歷史進程的生動記錄與深情獻禮。它不僅是對粵港澳歷史同源、文化同根血脉親緣的珍貴傳承，更寄托着我們對大灣區融合發展的美好期許。我們期待，這些承載着鄉愁與記憶的影像，能進一步激發灣區居民共同的文化認同與蓬勃的創新活力；更期待以此為新的起點，推動粵港澳三地在規則銜接、機制對接上取得更深層次的突破，為豐富「一國兩制」成功實踐的內涵、推動中華文化在世界舞台綻放光彩貢獻獨特的「灣區智慧」。

文化興國運興，文化强民族强。粵港澳大灣區的文化繁榮，不僅關乎區域發展的高度，更繫於國家文化軟實力的提升。讓我們從「故園行」出發，繼續深挖文化根脉，共譜融合新篇，在傳承中守正創新，在開放中互鑒共贏，攜手建設一個既彰顯中華文化自信又展現中國氣派風範的國際一流灣區！

本書編委會

2025 年 2 月 4 日

前言

文化是國家、民族的靈魂，更是粵港澳大灣區建設國際一流灣區的深層動力。在習近平總書記關於文化自信的重要論述指引下，在《粵港澳大灣區發展規劃綱要》的戰略框架下，粵港澳三地正以文化為紐帶，共同構築「人文灣區」，推動中華優秀傳統文化創造性轉化、創新性發展。由廣東省出版集團和聯合出版集團聯合主辦的「文化尋根」主題攝影活動，正是粵港澳三地文化血脉相連的生動註腳。我們以影像為載體，以文化為橋樑，旨在凝聚灣區共識，共塑灣區精神。

尋根問祖是中華民族的傳統文化，在粵港澳三地有着深厚的土壤。這裏地緣相近，人緣相親，語言相同，文化相類。據統計，約六成港澳居民祖籍廣東，許多家族在粵保留着祖宅、宗祠等文化根源。隨着粵港澳大灣區建設的深入推進，越來越多的港澳青年深入灣區各地創業、就業，安居、置業，讀書、深造，或參觀、旅遊。更有部分港澳青年在父輩的引領下，每年回到廣東省內原祖居地走親訪友、尋根祭祖。嶺南建築承載着連接粵港澳同胞的血脉之根、文化之根、家國情懷之根。

附錄

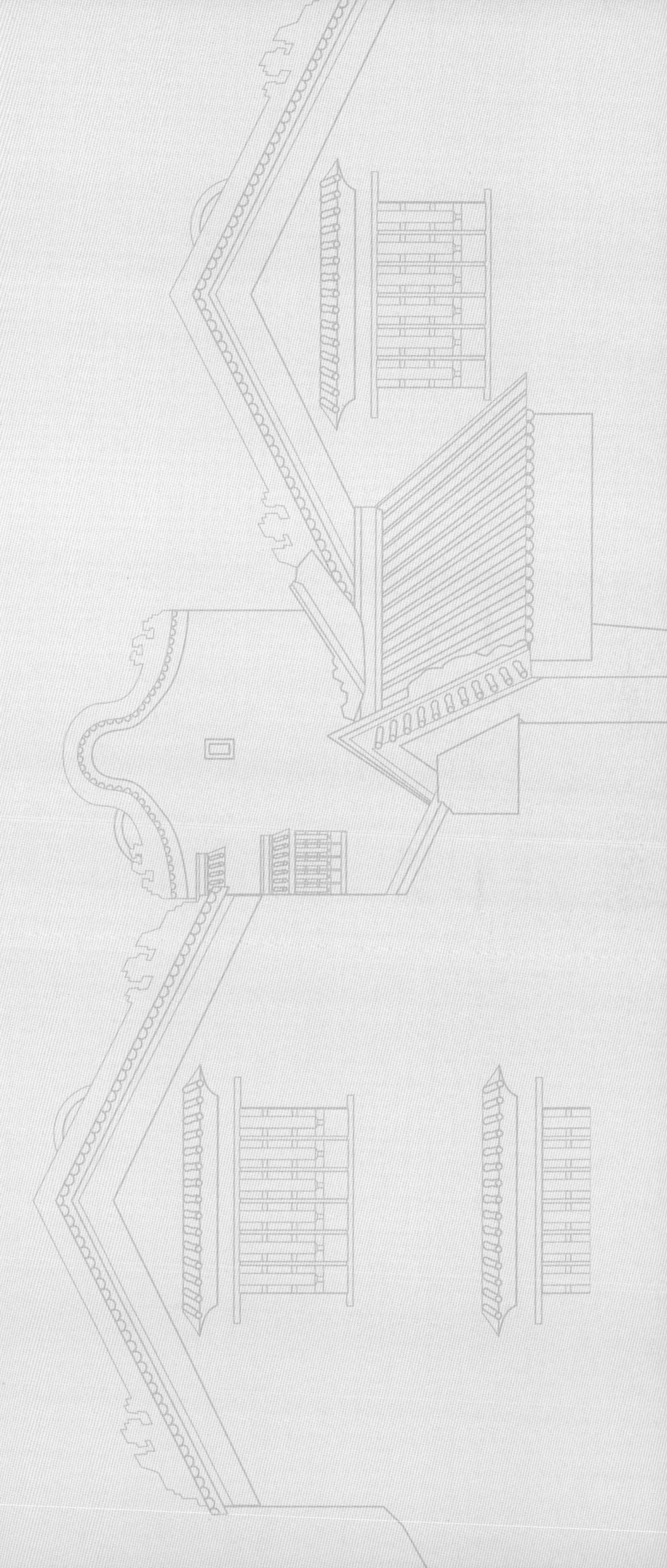

血緣為根

一 血緣為根・崇宗敬祖

當我們的祖先選擇了一塊土地，我們就在這塊土地上落地生根。

祖先聚族而居，一輩輩依附着這塊土地生息繁衍，並且開枝散葉，開啟了一代又一代的生命旅程。

也許，我們的故園在山區，被延綿不絕的大小山峰包圍，生活中激蕩着山的沉重呼吸；也許，我們的故園在海邊，被海風無休止地吹拂，留下了許多浪花的痕跡。

無論肥沃還是貧瘠，先人們用篳路藍縷的開拓精神，緊緊擁抱着腳下的那片土地，譜寫了家族早期的奮鬥詩篇。他們用汗水和智慧，還有征服世界的理想和激情，開發和建設我們的家園。

經歷了墾荒的烈日風雨，度過了扎根的種種困難，故鄉的大地上終於生成了一棵枝繁葉茂的參天大樹。我們每個人都是大樹上的一片小葉子，順着葉脈回溯，必然在樹枝上與其他的葉片相遇，也必然同別的葉片一起，順着枝幹，將生命的理念深深植入土地，歸結到那棵大樹的根鬚末端。

那些熟稔的院落和牆垣，那些門外的村野，那些留有前輩氣息的祖屋，還有那些門前屋後的大樹，都承載着幾代人的光榮和夢想，記錄了家族史的艱苦跋涉與浪漫情懷。

血濃於水。無論是正襟危坐的史述，還是五彩斑斕的傳說，都在不歇地表述血緣的認同和歸屬，傳遞並震盪着故園山水飽含的文化傳呼。

列祖列宗就像樹的粗大根鬚，深入腳下的土地，源源不斷地為每一片綠葉輸送營養和水分，托舉起如巨大冠蓋的綠色輝煌。

每一片綠葉在風中吟唱，永遠感念樹大根深帶給我們的恩惠和希望。

珠三角

楊藝　攝

黃埔古村

黃埔古村

廣州市海珠區新港東路琶洲街石基村

黃埔古村，以其千年的歷史沉澱和豐富的文化遺產而聞名。古村建於北宋嘉祐年間，至今仍然保留着許多古老的建築和遺跡，如古港口、古宗祠、古廟宇、古民居以及名人故居等，它們都是廣州作為「千年商都」輝煌歷史的見證。黃埔古村不僅是中國「海上絲綢之路」的發祥地之一，還曾是「一口通商」的外貿名港。

港村一體的格局，令黃埔古村因港而興，孕育出一大批傑出的人才。其中，被譽為「清華之父」的愛國外交家梁誠、中國近現代革命先鋒馮肇憲、尊稱為「黃埔先生」的胡璇澤以及中國近代鐵路工程專家胡棟朝等，都是黃埔古村的驕傲。他們的故事和成就，為黃埔古村增添了更多的歷史厚重感和文化底蘊。

可以說，黃埔古村是一座充滿歷史韻味和文化底蘊的古老村落，它不僅見證了廣州的繁榮與發展，也孕育了一代又一代的傑出人才。這裏的一磚一瓦、一草一木都仿佛在訴說着那段輝煌的歷史，讓人流連忘返。

1 | 2
  | 3

1　余勇忠　攝
2　陳小鐵　攝
3　張　遠　攝

馮氏大宗祠
始平派遠
許事源長

1 | 2

1 龔福生 攝
2 曾　志 攝

凌氏宗祠

廣州市黃埔區深井社區叢桂西街

凌氏宗祠被凌氏族人尊稱為「大祠堂」。始建於明末，清道光二十六年重建。佔地面積達到 600 平方米。其建築結構精緻，包括硬山頂、人字封火山牆、灰塑龍船脊、水磨青磚、碌灰筒瓦、石腳以及雙層楝樑等元素，每一處細節都透露出古代工匠的精湛技藝和對美的追求。據《金鼎凌氏族譜》記載，凌氏家族分佈廣泛，尤其在港澳地區，目前有 400 餘名凌氏後裔居住在那裏。這座宗祠正是由凌國強、凌文義、凌達鏜等港澳同胞慷慨捐資修建，體現了他們對家族根源的認同和深厚情感。

凌氏宗祠不僅是凌氏家族的歷史見證，還承載着凌氏家族的記憶和情感，也見證了港澳同胞對家鄉的深厚感情和對傳統文化的尊重與傳承。更是連接過去與現在、內地與港澳的重要橋樑。通過凌氏宗祠，我們可以更加深入地瞭解嶺南地區的歷史文化和社會變遷，感受那份跨越時空的血脈相連。

1 | 2

1　王孔生　攝
2　王孔生　攝

周氏大宗祠

廣州市白雲區龍歸街道南村蟠龍西街

周氏大宗祠是一座具有百年歷史的古建築，它不僅是白雲區面積最大、保存最好的古建築之一，也是當地著名的文化地標。其建於清代，經歷了民國時期的重修，形成了東西兩座規模形制和裝飾風格相同的祠堂，因此，被形象地稱為「孖祠堂」。

南村是一個著名的「華僑村」，許多海外華僑與這裏有着密切的聯繫。周氏族人在海外取得良好發展後，不忘回饋家鄉，積極參與家鄉的各項建設，如龍歸華僑醫院、學校和公路的修建，都凝聚了華僑的心血。這裏不僅是周氏族人的精神家園，也是當地文化和歷史的見證，它承載着周氏族人的記憶與榮耀，同時也是海外華僑與家鄉聯繫的紐帶。通過這座宗祠，人們可以感受到周氏族人對家鄉的深情厚誼以及對文化傳承的重視。

| 1 | 3 |
| 2 | 4 |

1　王孔生　攝
2　陳體根　攝
3　劉烜偉　攝
4　劉烜偉　攝

大萬世居

深圳市坪山區大萬路

大萬世居，又稱「大萬圍」，是一處重要歷史文化遺產，也是全國最大且保存最完整的方形客家圍屋之一。這座客家圍屋始建於清乾隆五十六年（1791 年），歷經歲月洗禮，至今仍保持着完好狀態。

大萬世居佔地約 2.5 萬平方米，建築面積約 1.66 萬平方米，擁有房屋 400 餘間，規模之大令人歎為觀止。作為典型的客家圍屋，大萬世居在設計上充分考慮了防禦性，高聳的圍牆、炮樓和走馬廊共同構成了一個堅固的防禦體系。這裏是曾姓家族的聚居地，見證了曾氏家族幾代人的興衰更替和文化傳承。圍屋內保留了大量的歷史民俗遺物和文化精粹，為研究客家文化提供了重要實物資料。

這座圍屋不僅反映了各個時期的社會文化特點，還體現了客家人的遷徙歷史和文化變遷。它是研究和體驗深圳客家源流、民俗、建築藝術和水利工程的活化石。

1 | 2

1 陳體根 攝
2 羅 超 攝

鶴湖新居

深圳市龍崗區龍崗街道南聯社區羅瑞合村

鶴湖新居是一座具有深厚歷史底蘊的客家圍村建築群。該建築群始建於清道光年間，不僅是中國目前規模最大的客家圍村，也是深圳現存眾多客家圍屋中保存最為完整、最具代表性的一座，因此被譽為「客家第一圍」。儘管歷經歲月的洗禮，鶴湖新居依然保存完好，無論是建築結構還是內部裝飾，都體現了古代客家文化的精髓。

鶴湖新居作為羅氏家族的重要聚居地，見證了羅氏家族從清乾隆年間至今的興衰更迭和文化傳承。圍屋內保存了大量的歷史文物和家族資料，「親仁猶在」「聚族於斯」簡短八字，體現了羅氏以血脈親情為紐帶，羅氏族人聚居於此的內心願景。通過對其的研究和保護，人們可以更深入地瞭解客家文化的歷史淵源、發展脈絡和獨特價值，促進客家文化的傳承和發展。是研究客家家族文化的重要窗口。

1 | 2

1　陳體根　攝
2　黃小軍　攝

黃思銘公世祠

深圳市福田區沙頭下沙東涌村

該祠是黃氏家族為緬懷其九世祖黃思銘而興建的莊嚴家祠，始建於明代晚期，雖歷經滄桑與多次修繕，但至今仍保留着清代中期的建築風格，見證了黃氏家族幾代人的傳承與對前人的敬仰。

尤其是祠堂中排列有序的列祖列宗牌位上方的黃峭山公遺像，更是成為了黃氏子孫緬懷先祖的精神寄託。

黃峭山為黃氏的始祖，一生娶了三位賢良淑德的夫人，三位夫人各生七子，共 21 子。晚年時黃峭山子孫過百，家族興旺，遠近聞名。但時處五代十國政局動盪，為避不測之禍，經深思熟慮，他做了一個大膽決定：除三房各留一名長子，以奉養老母、守護家園外，其餘 18 房子孫，各帶家產一份《黃氏家譜》一套，外出謀生，散居各方，繁衍生息。通過此舉創立了影響深遠的邵武峭山公黃氏家族，為黃姓家族的繁衍發展奠定了堅實基礎，使黃姓後裔薪火相傳，綿延千年，生生不息。據不完全統計，其後裔已發展到 1000 多萬人，遍佈中國各省市及東南亞各國等，創造了人類歷史上家族繁衍的奇跡。當年黃峭山留下的《遣子詩》成為海內外大多數黃姓後人的「認祖密碼詩」，被各地峭公後裔收入族譜，作為祭祖認祖的憑據。

遣子詩

駿馬堂堂出異方，任從隨處立綱常。
年深外境猶吾境，日久他鄉即故鄉。
朝夕莫忘親命語，晨昏須念祖宗香。
惟願蒼天垂庇佑，三七男兒總熾昌。

1　2
　 3

1　穆　亦　攝
2　陳體根　攝
3　陳炳忠　攝

禮屏公祠

東莞市虎門鎮村頭村

禮屏公祠，始建於光緒二十三年（1897 年），佔地面積約 700 平方米，整座祠堂坐北朝南，佈局嚴謹，分為兩路四進，中間穿插着青雲巷，既體現了傳統的建築美學，又便於家族成員舉行各種儀式活動，是一座承載着深厚家族情感與歷史記憶的古老建築。

盧賡揚（號禮屏）作為禮屏公祠的紀念對象，他的一生充滿了傳奇色彩。儘管身為富商，盧禮屏卻始終保持着勤儉節約的生活態度，將大量財富用於社會公益和慈善事業。他捐資修建祖墳、祖祠，資助親友，並創立溥善堂、育嬰堂等機構，施醫濟藥，惠及廣大民眾。

盧禮屏的子孫後代滿門才俊，遍佈海內外，他們在科技、文化、經濟等領域均取得了顯着成就，為社會的進步與發展做出了重要貢獻。這些後人的成功不僅是對盧禮屏個人品德的傳承與發揚，也是禮屏公祠家族榮譽的延續與彰顯。

1 | 2

1 劉烜偉 攝
2 王孔生 攝

袁氏大宗祠

東莞市東城溫塘社區茶中村

袁氏大宗祠建於明朝天順四年（1460 年），最初佔地面積約 600 平方米，是溫塘袁氏後人為紀念袁氏入粵始祖悅塘公而精心建造的。袁氏大宗祠在歷史的長河中曾經歷風雨侵蝕，一度坍塌。為保護歷史遺存，2011 年 7 月重建竣工後的袁氏大宗祠採用了仿古青磚、雕刻大理石等優質材料，使得整個建築顯得古樸而莊重。牆壁上裝飾着韓信點兵、遊龍戲鳳等精美圖案，屋頂也巧妙融入了這些元素，營造出一種古樸大氣的氛圍。袁氏大宗祠的堂名為「著存堂」，這一名稱取自《禮記· 祭義》中的「致愛則存，致愨則著」。寓意深遠，旨在勉勵袁氏後輩要弘揚尊重長輩、恪守孝義的中華優秀傳統美德。

據《袁氏族譜》記載，袁氏入粵始祖悅塘公在北宋時期官拜朝奉大夫，他自江西信豐遷至廣東東莞溫塘茶園定居，並在此繁衍生息。經過數百年的發展，袁氏家族逐漸壯大，後裔分居興寧、梅縣、惠陽等地。在清代以後，閩、粵袁氏陸續有人移居香港、台灣地區及新加坡、印尼等國家，家族足跡遍佈全球。

1 | 2

1 劉烜偉 攝
2 王孔生 攝

周氏宗祠

東莞市常平鎮橋梓村

周氏宗祠，建於明末清初，佔地面積約 300 平方米，擁有超過 370 年的歷史。宋朝著名文學家、理學家周敦頤的第五代裔孫周岐秀的後裔在東莞繁衍生息後建了這座宗祠。周氏宗祠承載了光榮的革命鬥爭歷史，在戰火紛飛的年代，它曾是中共東莞縣委機關、屋廈農民協會以及東寶工農革命軍總指揮部的所在地。這些歷史背景賦予了周氏宗祠更深厚的文化意義。

此外，周氏宗祠還是眾多港澳及海外同胞的祖籍大宗祠，其中包括香港立法局和行政局的前首席議員周錫年，以及澳門東莞常平同鄉會會長周德祥等。這些知名人士與周氏宗祠的深厚淵源，進一步凸顯了宗祠在周氏家族中的重要地位。

1 2 | 3

1 劉烜偉 攝
2 陳體根 攝
3 王孔生 攝

周

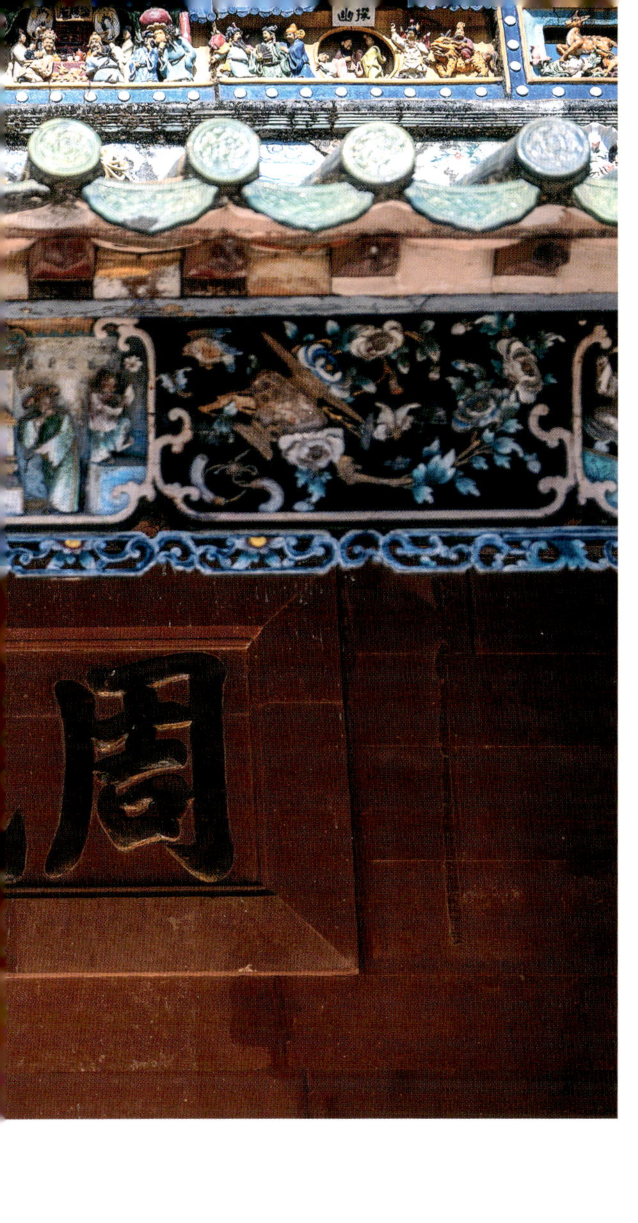

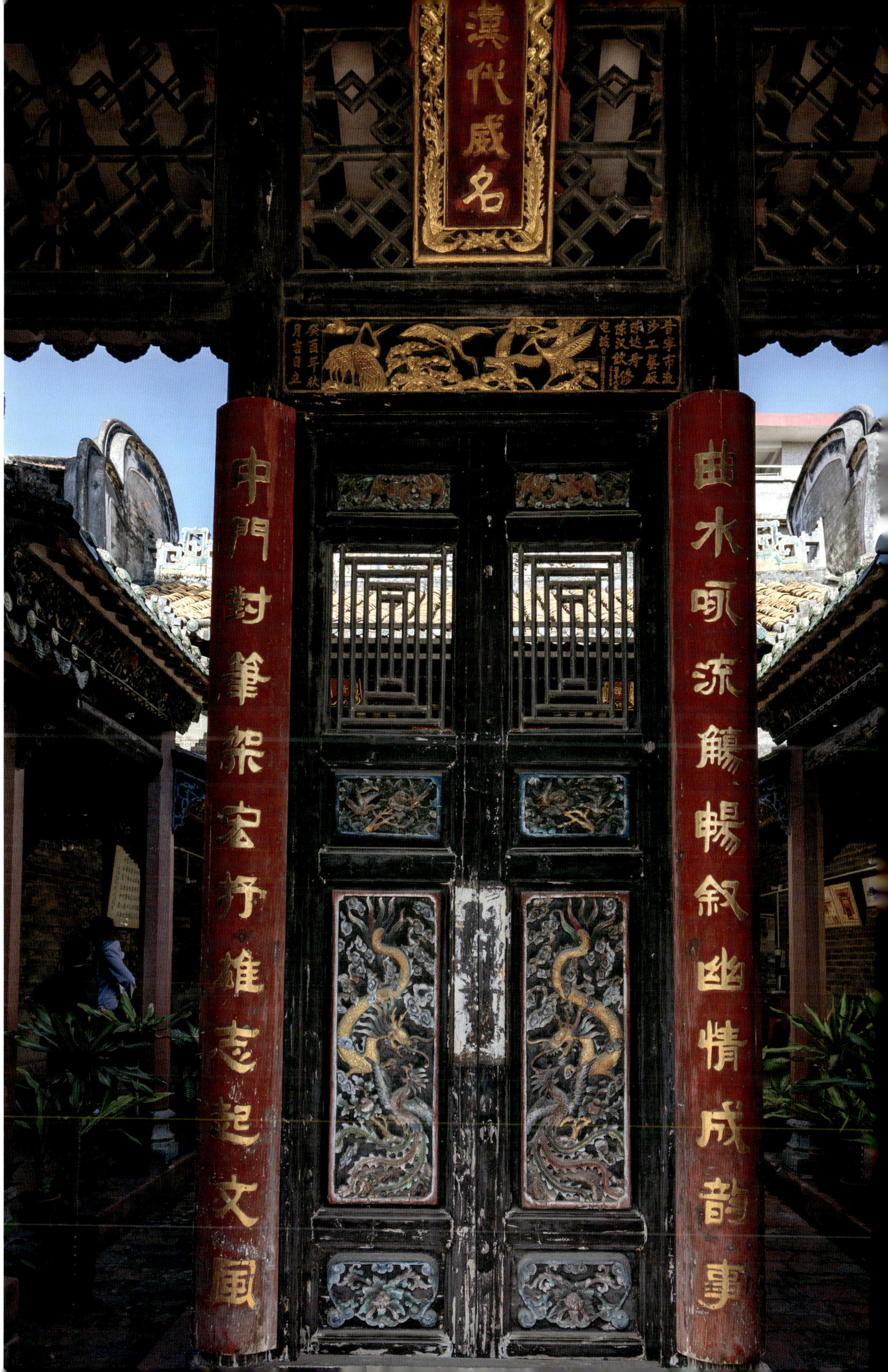
漢代威名
曲水咏流觴暢叙幽情成韻事
中門對筆架宏抒雄志起文風

劉氏宗祠

江門市蓬江區荷塘鎮呂步村

這座始建於清朝乾隆三十八年（1773 年）的宗祠背景充滿了榮耀與輝煌。據歷史記載，這座宗祠是劉氏先人因科舉中進士而獲皇帝所賜，這體現了古代科舉制度下士人通過努力獲得社會認可和皇帝賞識的崇高地位。中堂高懸的「遠昌堂」三字金漆大牌匾，金光閃閃，更是彰顯了劉氏家族的顯赫與尊貴。其次，劉氏宗祠在每年清明節都會迎來大量的海外僑胞回鄉祭祖。這一傳統活動不僅是對先人的緬懷與敬仰，更是海外僑胞獲得歸屬感的重要途徑。在異國他鄉漂泊的僑胞們，通過回到故鄉、走進宗祠、參與祭祖活動，能夠深切感受到家族的溫暖和血脈的相連，從而增強對家族和故土的認同感與歸屬感。

此外，值得一提的是，香港名星劉德華先生父子也曾回鄉祭祖。劉德華作為公眾人物，其回鄉祭祖的行為更是對家庭情感的寄託和傳統文化的積極弘揚。

1 | 2 3

1　林添福　攝
2　吳錦榮　攝
3　黃志強　攝

羅氏大宗祠

江門市蓬江區棠下鎮良溪村

羅氏大宗祠，自清康熙四十六年（1707 年）便傲然屹立，見證了羅氏家族數百年的興衰與變遷。它是羅氏後人為緬懷南宋時期從南雄珠璣巷遷居此地的先祖羅貴而建，不僅是嶺南地區建築的瑰寶更是羅氏家族精神的豐碑。

這座大宗祠採用磚木結構，面寬三間，進深三進，建築結構為硬山式，整體建築結構嚴謹而莊重，展現出古代匠人的高超技藝與磚雕智慧。大門及兩側均採用青麻石砌成，堅固而耐用，正門牆體與屋簷結合處，古代人物故事非凡組畫栩栩如生，仿佛在向世人訴說着那段悠久的歷史。

羅氏大宗祠以其獨特的建築風格、深厚的歷史底蘊和崇高的文化價值，成為了我們研究嶺南文化、探尋羅氏家族歷史的重要窗口，對研究江門地區乃至嶺南建築及地方文化源流有着不可替代的作用。

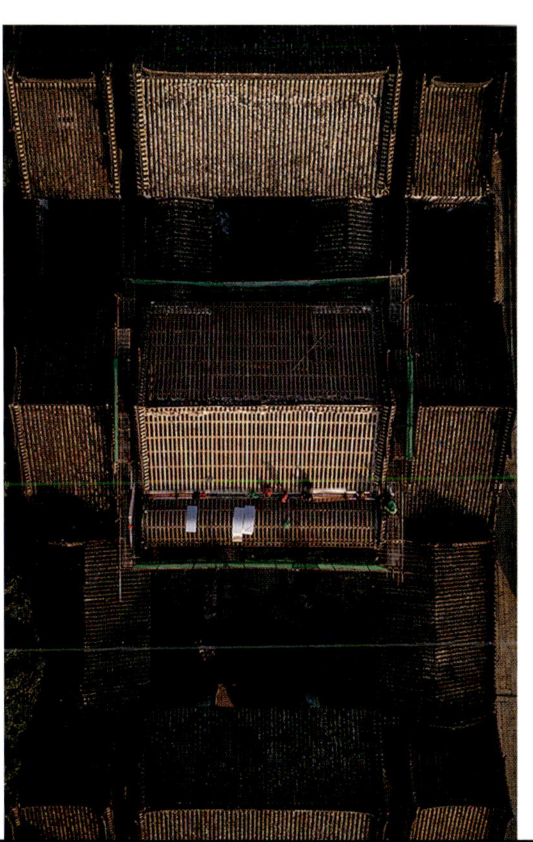

1 | 2
3

1 羅開傳 攝
2 羅志群 攝
3 郭建光 攝

江門漁趙公祠

江門市江海區西京裏滘頭街道

江門漁趙公祠，始建於明朝中期，是滘頭趙氏子孫為紀念開基先祖而建的崇高殿堂，歷經 650 年的風雨滄桑。儘管歷代變革給滘頭趙族的宗祠家譜帶來了較大程度的破壞，但幸運的是，在 2017 年 1 月，江門漁趙公祠得到了修葺。經過精心的修繕，這座古老的祠堂已大體恢復了往日的風采。門口和廳堂內的對聯被重新上了金漆，熠熠生輝；壁畫也被重新繪製的栩栩如生，仿佛在訴說着趙氏家族的歷史與傳說。內牆上掛着宋朝十八帝石刻彩色畫像，供族人瞻仰。這些畫像不僅是對宋朝歷史的回顧，更是對趙氏家族根源的追溯。每當趙氏子孫走進祠堂，看到這些畫像，都會油然而生一種對祖先的敬仰之情。

漁趙公祠不僅是趙氏鄉親家國情懷的寄託，更是維繫港澳趙氏宗親與祖籍情感相依的重要紐帶。每當港澳趙氏宗親回鄉的時候，他們都會選擇來到漁趙公祠進行祭拜，表達自己對祖先的敬仰與懷念。

1 | 2
3

1　張勇軍　攝
2　吳錦榮　攝
3　黃志強　攝

白眉陳公祠

肇慶市廣寧縣橫山市區厚田村

白眉陳公祠，是後人為紀念陳氏白眉公優良品德和良好家風而精心建立的。旅居香港的陳達先生，作為白眉陳公的後人，深感祖祠的重要性，於是出資對其進行修繕。新修建的祖祠在原有基礎上擴大了一倍，不僅規模更加宏大，設施也更加完善。除了祖祠的修繕，陳達先生還在祖屋的原址上修建了一座莊園——達觀園。

白眉陳公祠的裝飾圖案和歷史故事，更是其文化價值的體現。精心刻畫的「岳飛大破金兵」「曾子殺豬」「渭水訪賢」「懸魚」等故事，不僅展示了歷史上的英雄事蹟和道德典範，而且蘊含了天下為公的社會理想，民為邦本的治理思想，和任人唯賢、講信修睦、廉潔奉公等精神內涵。這些故事和圖案的設計，旨在通過歷史和文化的傳承，教育後人秉承家族歷代傳承的正確價值觀，為社會和諧與發展做出貢獻。

1 | 2

1 張永林 攝
2 藍遠峰 攝

有人送来酒

1 | 2

1 藍遠峰 攝
2 張永林 攝

仁侯黃公祠

肇慶市鼎湖區坑口街道黃村

該建築佔地面積約 500 平方米，為磚木結構，坐東南向西北，二進三開間設計。其建築佈局嚴謹，結構精巧，雕樑畫棟，栩栩如生，充分展示了古代工匠的高超技藝和審美追求。祠內掛有不少風雲人物題贈的匾額楹聯，恩榮之極。祠內通常設有大殿、廂房、庭院等區域，用於祭祀祖先、舉辦家族活動等。隨着時代的變遷，黃公祠也經歷了多次修繕和擴建，以保持其莊嚴和輝煌。

黃仁公自幼孝順，成年後從軍，因軍功卓着官至龍門協都司，以其精幹和儒將風範着稱。他生有五子，每個兒子都對家族的興盛做出了巨大貢獻。黃仁公及其子孫後代在文武方面均有卓越成就，為家族贏得了極高的榮譽和地位。這些成就不僅體現在個人的功名和職務上，更體現在對家族和社會的貢獻上。後人為了紀念黃仁公的卓越功績和家族榮耀，建造了這座黃公祠。

黃公祠作為家族文化的象徵和載體，承載着豐富的歷史資訊和文化內涵。通過祭祀、活動等形式，後人們不斷傳承和發揚着家族的優良傳統和文化精神。

碧灩樓

惠州市惠陽區秋長街道周田村

碧灩樓，又稱「碧灩圍」，由惠陽籍馬來西亞著名僑領葉亞來先生於清光緒十年（1884 年）出資建造，並於 1888 年建成。

該建築坐西向東，整體呈長方形，佔地面積約 3800 平方米。它由泮池、禾坪、堂屋、橫屋、角樓等部分組成，形成了一座典型的客家傳統四閣樓圍屋。正門上方鑲嵌有「碧灩樓」三字石刻門額，這是由清代著名才子江逢辰所書，字體遒勁有力，為建築增添了幾分文化底蘊。內部的木質構件雕刻精美，保存較好。樑枋、斗拱、瓜柱、柁墩、雀替等藝術構件上都飾以精美的木雕，屬中廳和上廳房梁上的木雕最為出色。

碧灩樓不僅深深鐫刻着葉亞來先生個人奮鬥與宗族榮耀的印記，還是其事業輝煌的象徵，同時也是惠州地區保存規模宏大且狀態完好的客家圍屋典範之一。這座圍屋不僅是葉氏家族的物質財富，更是他們精神家園的象徵，承載着葉氏子孫對先輩的敬仰與懷念之情。

1	2	1 羅志明 攝
	3	2 羅志明 攝
		3 相國偉 攝

1 羅志明 攝
2 羅志明 攝
3 羅志明 攝
4 羅志明 攝

會龍樓

惠州市惠陽區秋長街道官山村

會龍樓，始建於清光緒十二年（1886 年），由馬來西亞華僑葉健珊出資，耗時三年建成，佔地 4400 平方米。此樓不僅是葉氏家族八代繁衍之地，更孕育了秀才、舉人及多位革命人士，其中包括七位黃埔軍校生和三位旅長，彰顯家族榮耀。會龍樓作為四閣樓圍龍屋，外觀雄偉，內部結構精巧，雖歷經風雨，但仍保存完好。樓內牆體壁畫以人物花鳥為主題，寓意深遠，教導後人積極向上、忠孝友善。

這是一座集歷史、文化、藝術於一體的建築遺產，不僅見證了葉氏家族的歷史發展，還是當地的文化瑰寶。它承載着豐富的歷史資訊和文化內涵，是研究當地歷史、文化、藝術的重要實物資料。

1 | 2

1 羅志明 攝
2 羅志明 攝

會新樓

惠州市惠陽區秋長街道周田村

會新樓，這座佔地約 1100 平方米的客家圍屋，於民國二十五年（1936年）由抗日將領葉剛始建。坐北向南，沐浴着溫暖的陽光，見證了歲月的流轉與變遷，也可以靜靜地訴說着民國時期的故事。

該樓以其獨特的建築風格吸引着人們的目光。它由前圍、堂屋、橫屋、角樓等精心組合而成，構成了一座堅固而美觀的圍屋。禾坪前，一泮池如鏡，映襯着圍屋的倒影，更添幾分寧靜與雅致。

在當地文化中，會新樓不僅是一座舉足輕重的建築，更是宗族血脈與歷史交匯的生動象徵。它承載了民國時期的風土人情和建築藝術，還深深烙印着宗族繁衍與傳承的印記。這座樓宇，如同一部活生生的歷史書卷，記錄着那個時代宗族成員的生活點滴與情感紐帶。每當後人踏入這座樓宇，彷彿能穿越時空，親眼目睹那個時代的風采，親耳聆聽宗族先輩的諄諄教誨。

濟美新居

📍 惠州市惠陽區永湖鎮彩一村

濟美新居，這處老宅雖外表與傳統客家民居相仿，兩側樓群房卻是「中西合璧」，為典型的南洋式通透的拱券造型。據傳，它出自當地何氏家族名人何班仙之五子之手，歷經歲月洗禮，至今仍保留着一份難以言喻的韻味。

儘管數十年來，風雨侵蝕與人為破壞讓這處老宅飽受滄桑，但幸運的是，其大門、西式回廊及正廳部分依然保存完好，猶如時間的見證者，靜靜訴說着往昔的輝煌。大門採用磚砌木構，堅固而古樸，正中

鑲嵌着一塊石雕，上面鐫刻着「濟美新居」四個楷書大字，字跡線條流暢，筆力遒勁，不僅展現了建房者的匠心獨運，還寓含了美好的祝願與期盼，更是建築美感與寓意的完美結合。

濟美新居，以其獨特的歷史價值、建築特色和深厚的文化內涵，吸引着無數遊人前來探尋。在這裏，你可以感受到那份濃厚的宗族血脈與家族情懷，也可以領略到客家文化的博大精深與獨特魅力。

1 ｜ 2 3

1　陳炳忠　攝
2　陳炳忠　攝
3　陳炳忠　攝

榴兆樓

惠州市惠陽區秋長街道茶園村

榴兆樓，雅號榴兆圍，是一處承載着深厚歷史與文化底蘊的清代古跡。這座建築始建於清光緒年間，以其獨特的三進式四角樓客家圍龍屋風貌，見證了那個時代匠人的智慧與技藝，同時也成為了客家建築藝術中的一顆璀璨明珠。整座圍屋坐西北朝東南，佔地面積廣闊，約達 1500 平方米。其結構嚴謹，佈局合理，主要由堂屋、橫屋和角樓等部分組成，形成了一個既封閉又開放的空間體系。

在抗戰時期的香港文化名人大營救中，榴兆樓曾作為秘密營救的接轉站。廖承志、連貫、喬冠華、茅盾夫婦等數百人，曾在此居住過。

榴兆樓作為一座保存較完整的客家圍屋，不僅具有極高的歷史價值，還蘊含着豐富的文化內涵。它不僅是客家建築藝術的典範，更是研究清代客家社會、經濟、文化等方面的重要實物資料。通過榴兆樓，我們可以窺見那個時代客家人民的生活方式、家族血脈觀念以及他們對美的追求。

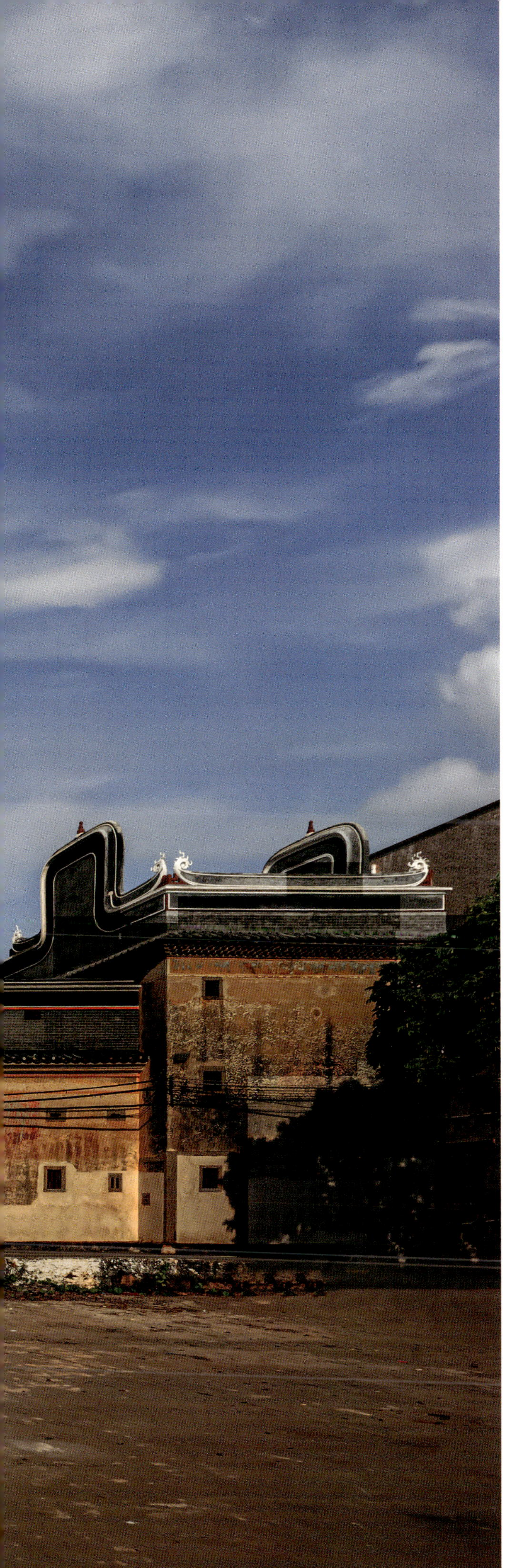

1 | 2 3

1　黃小軍　攝
2　黃小軍　攝
3　陳體根　攝

應元居

惠州市惠陽區永湖鎮彩一村

應元居建築佈局講究對稱，結構精巧，以青磚灰瓦為主，是一處充滿歷史韻味與文化底蘊的建築。它作為惠州地區傳統民居的代表之一，展現了嶺南建築的獨特風格與精湛工藝。

應元居不僅是一座建築，更是惠州地方文化與家族歷史的見證。走進應元居，彷彿能感受到時光的流轉，觸摸到歷史的脈搏。院落中的天井、廳堂、廂房等空間設計，既滿足了居住的功能需求，也體現了中國傳統建築中「天人合一」的理念。

如今，應元居作為惠州的文化遺產之一，吸引着眾多遊客與學者前來參觀研究。它不僅展示了嶺南傳統建築的魅力，也為人們瞭解惠州的歷史、文化與社會生活提供了重要的窗口。如果有機會到訪惠州，不妨走進應元居，感受那份古樸與寧靜，聆聽它訴說的歷史故事。

1　陳炳忠　攝

粵東 粵西 粵北

關哲 攝

趙氏大宗祠

汕頭市潮南區仙門城老寨

趙氏大宗祠，是三世祖趙碧川在明建文年間（1399—1402 年）為家族鑄就的榮耀豐碑。宗祠巍峨壯觀，面寬七間，兩進深邃，中亭高聳，猶如歷史長河中一顆璀璨的明珠。其地形獨特，形似「猛虎跳牆」，佔地約 650 平方米，盡顯莊嚴與氣勢。宗祠內，一青石鼓靜靜佇立，這是清乾隆時期的遺物，見證了歲月的流轉與家族的興衰。此處不僅是一座建築，更是一部活生生的家族史，記錄着趙氏家族的血脈傳承與輝煌歷程。它如同一本厚重的史書，讓後人得以窺見家族的淵源與繁榮。

趙氏大宗祠所在的仙門城社區，人才濟濟，旅港台同胞眾多。其中，旅居香港的畫家趙鳳、香港非官守太平紳士趙廣海、全國政協港澳地區委員趙漢鍾等傑出人士，皆出自此社區。他們的身份與貢獻，為趙氏大宗祠增添了無盡的光彩，也彰顯了宗祠的廣泛影響力與深厚價值。

1 2 | 3

1 蕭建誠 攝
2 譚 敬 攝
3 蕭建誠 攝

大宋恩澤綿世胄
大名垂宇宙
一统親情祀事同
追遠
千秋祖德明禋遠

方伯第

潮州市潮安區龍湖古寨

方伯第，是抗倭英雄劉子興後裔、新加坡僑領劉正興先生傾注三年心血的結晶，於民國十二年（1923 年）落成。這座佔地 1648 平方米的宅邸，巧妙地將中西建築藝術融為一體，展現出獨特的魅力。

建築細節上，潮州民間的石雕、木雕、屋脊嵌瓷等藝術元素琳琅滿目，門窗台灰塑細膩入微，浮雕、彩繪、壁畫更是栩栩如生，令人歎為觀止。同時，宅邸還巧妙地融入了西方建築文化，浮壇圍欄以法國瓷磚鑲嵌，灰塑安琪兒展翅欲飛，羅馬花式窗蓋典雅大方，為整座建築增添了幾分異域風情。

方伯第不僅是潮州民居的瑰寶，更是中西建築文化交融的典範。其華麗的裝飾與考究的建築結構，彰顯了劉氏家族的榮耀與智慧，也見證了潮州文化的博大精深與獨特魅力。

1 | 2
  | 3

1　蕭建誠　攝
2　蕭建誠　攝
3　黃榮生　攝

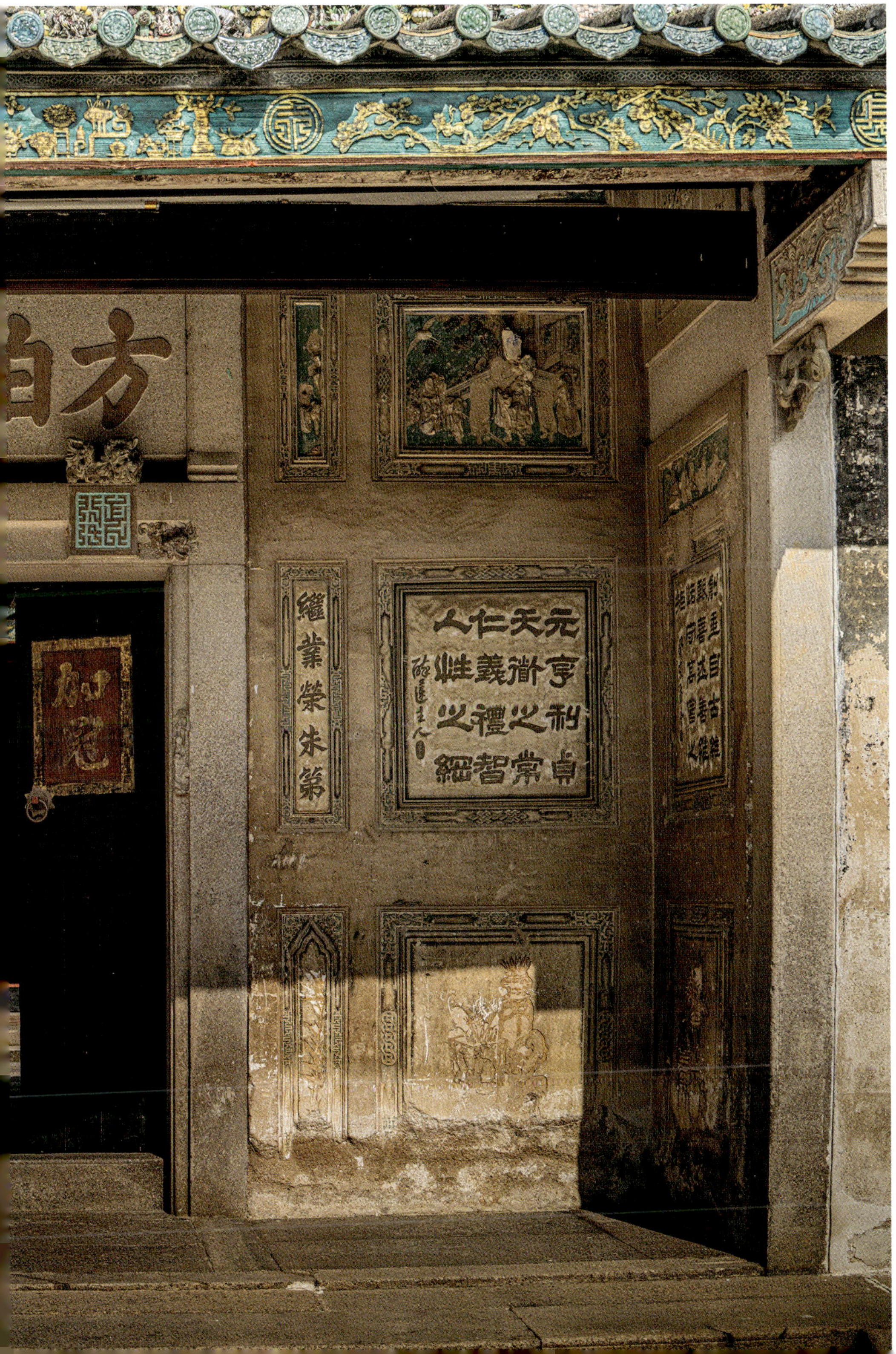
繼業榮朱第
元亨利貞
天衢之常
仁義禮智
人性之綱

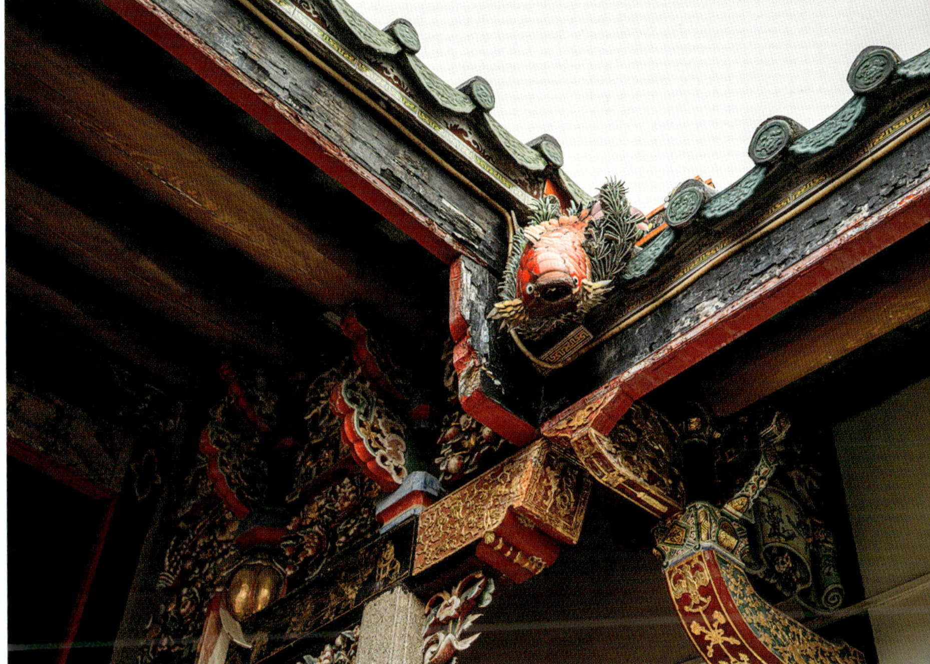

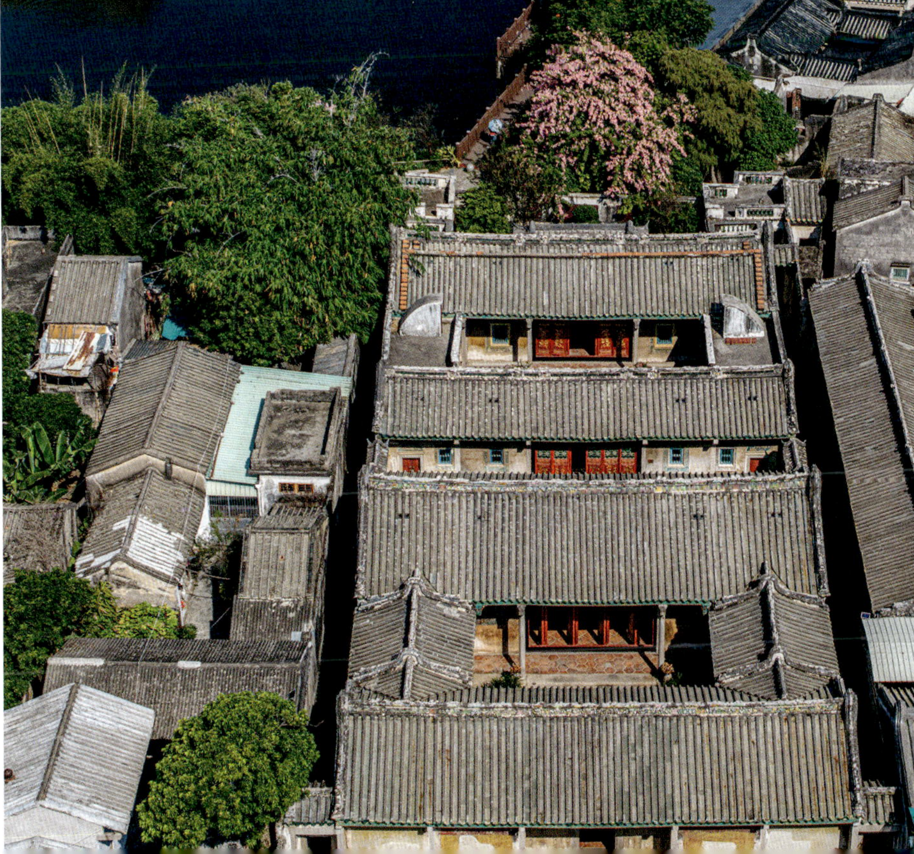

謝氏世族宗祠

潮州市湘橋區南春路南德園南側

謝氏世族宗祠，尊號「世德堂」，其歷史可追溯至明嘉靖壬子年（1552 年）。這座宗祠由謝氏先輩謝麟之玄孫謝淮，與六世孫、順慶府副知訓謝承志共同締造，歷經四百餘年風雨，依舊熠熠生輝。

宗祠坐東南而朝西北，呈二進格局，面寬達 12 米，進深約 28 米，總佔地 338 平方米。其結構嚴謹，分為前座、天井與主座三大部分，前牆更嵌有明萬曆七年（1579 年）所立的《謝氏世族宗祠碑記》，見證了宗祠的悠久歷史與深厚底蘊。

潮州謝氏一族，以南隱公為始祖，至養心公謝紀而興盛。謝紀公精於理財，勤儉持家，「樂義好施」的家族傳統在他手中得以發揚光大。他青年時期便以「睦族」為己任，積極投身扶貧濟困之事。26 歲時，為解決祖上祭田收入不足的問題，慷慨捐贈祭田與魚塘。及至 49 歲，潮州遭遇災年，百姓生活困苦，謝紀公更是捐穀賑災，其善行得到朝廷的嘉獎，被授予將仕佐郎（副九品）之職，彰顯了謝氏家族的高尚品德。

1 | 2
  | 3

1 譚　敬　攝
2 黃榮生　攝
3 蕭建誠　攝

振德堂

潮州市楓溪區石橋宮仔前路

振德堂，自 1920 年便以其不朽之姿，訴說着一段段傳奇。步入其中，彩瓷元素躍然眼前，色彩斑斕交織，與嵌瓷、木雕、石雕、彩繪、漆畫等潮汕傳統工藝完美融合，展現出一幅幅生動的藝術畫卷。其建築風格獨特，融合了「下山虎」「四點金」「駟馬拖車」等多種經典元素，雕樑畫棟間流露出富麗堂皇的氣息，彰顯出無與倫比的歷史價值、建築特色和美學魅力。

振德堂的締造者鄭習經老先生，更是一位胸懷天下的人物。他深知底層百姓之苦，毅然推動成立了香港潮商互助社，以「團結互助、贈醫施藥、濟困扶危、造福社群、敦睦鄉誼」為崇高宗旨。鄭老先生更是身先士卒，創設西醫診療所，每年籌辦「急賑基金」，為社員及廣大民眾提供價格親民的醫療服務，贈醫施藥，濟困扶危，贏得了人們的廣泛讚譽和尊敬。如今走進振德堂，不僅可以感受潮汕民居古樸風韻，還能參觀瞭解鄭氏家族創業史、公益慈善等事蹟，及其背後蘊含的文化底蘊和家國情懷。

1 2 | 3

1　譚　敬　攝
2　譚　敬　攝
3　譚　敬　攝

報本堂

普寧市燎原街道泥溝村

報本堂，其歷史可追溯至清雍正三年（1725 年），乃張氏宗族為祭祀明始祖翠峰公而建的宗祠，亦被尊稱為老祠、初祖祠、翠峰公祠、張氏始祖祠。此堂巍峨壯觀，坐北朝南，盡顯古樸莊重。屋頂以硬山式構造，覆蓋青色琉璃瓦，屋脊上嵌瓷裝飾熠熠生輝，宛如歷史長河中的璀璨明珠。步入堂內，左廳設為會客之處，牆上高懸明始祖翠峰公及章氏媽、周氏媽之畫像，敬仰之情油然而生。自明清至民國，報本堂香火鼎盛，一直是張氏宗族人文活動中心，承載着深厚的文化底蘊。

1 陳顯耀　攝
2 楊宏鎮　攝
3 陳顯耀　攝

報本堂，不僅是張氏子孫祭祀祖先的聖地，更是宗族的象徵與中心。它如一座精神燈塔，照亮了張氏宗族的前行之路，增強了宗族的向心力、凝聚力和親和力，共同祈願宗族興旺發達，歷久彌新。

萃渙堂

揭陽市普寧市軍埠鎮大長隴村

萃渙堂，是大長隴村歷史悠久的始祖祠，其建立可追溯至明朝正德八年（1513 年），歷經五個世紀的洗禮，依然屹立不倒，彰顯着歷史的厚重與莊嚴。該堂以三廳兩庭的三進式結構展現其獨特魅力，木雕的細膩、石雕的雄渾、嵌瓷的璀璨以及灰雕的精妙，共同構成了一幅幅華美的藝術畫卷，訴說着往昔的輝煌。

元末年間，萃渙堂的始祖陳秋月攜家眷遷徙至大長隴村，為陳氏家族在這片土地上奠定了堅實的基礎。經過數百年的繁衍與發展，陳氏家族已成為大長隴村三姓中的佼佼者，其血脈聯繫之緊密，家族之繁榮，皆源於陳秋月公的遠見卓識與英勇奮鬥。萃渙堂作為大長隴村的文化瑰寶，不僅承載着深厚的歷史文化底蘊，更彰顯了陳氏家族的榮耀與夢想。

1 | 2 3

1 楊宏鎮 攝
2 楊宏鎮 攝
3 楊宏鎮 攝

林氏祠堂

揭陽市惠來縣惠城鎮西三社區文化路一橫巷

林氏祠堂是廣東惠來唯一一座皇帝賜建的祠堂。據族譜記載，明嘉靖皇帝為表彰林家名士——獅石祖系十二世裔孫南浦公美德而頒旨賜建祠堂，明嘉靖九年（1530 年）竣工。該祠堂於嘉靖七年肇建，規模宏大，迄今近五百年。有「潮汕座半祠堂，惠來林氏得一」的稱號。

祠堂正座坐東向西，大門朝南，祠堂北面與大門對稱處為媽祖殿，大門內右側為祠丁房，總佔地面積 2400 多平方米。整座祠堂宮殿式構築，氣勢雄偉。該祠堂的平面圖呈「曲尺」狀，故有「曲尺祠」之別稱。

祠堂現保存有明嘉靖聖旨（複製品，原件為汕頭市博物館收藏）、左都禦史林富所書門匾「林氏祠堂」、碑記、界碑、大門（明代石門石雕一畔）「丹鳳朝陽」之鳳冠石和明代半米厚夯土牆等文物。相傳，在林氏祠堂建設期間，由於林氏家族人多勢眾，傳送磚瓦的人排成長龍，一人接人，從瓦窯至祠堂，蜿蜒數裏，接傳如飛，別姓的人看到林氏人排長龍傳瓦，誇讚說「林厝瓦會飛」。惠來典故「林厝瓦飛」也源出於此，成為膾炙人口的民間傳說。

2 3
4

1　楊宏鎮　攝
2　黃榮生　攝
3　譚　敬　攝
4　楊宏鎮　攝

太史第建築群

揭陽市榕城區中山街道

太史第建築群，乃郭氏家族之榮耀象徵，匯聚郭氏宗祠、金馬玉堂與太史第三大瑰寶於一體。此等宏偉建築，皆由揭陽先賢郭之奇於明崇禎二年（1629 年）親手締造，歷經 390 餘載歲月洗禮，依舊巍然不動，如同郭氏家族血脈之堅韌，世代傳承，生生不息。此建築群佔地廣闊，約 6000 平方米，四周小溪潺潺，環繞如帶，東接東內城河之碧波，西通雙峰寺前河，直抵馬山滘之深邃，西北則與陳泰興河緊緊相依。

太史第建築群，以其獨特的建築風格、嚴謹的規制以及近乎完美的保存狀態，彰顯出郭氏家族之榮耀與傳承。這些建築，不僅是郭氏家族歷史的見證，更是家族血脈聯繫的紐帶，將一代又一代的郭氏子孫緊緊相連。它們的存在，讓後人得以領略到古代建築的魅力與風采，更讓這份珍貴的家族血脈得以延續。

1 | 2 3

1 譚 敬 攝
2 馬志信 攝
3 楊宏鎮 攝

忠臣門第

欽旌
忠節

青龍頭村宗祠祖屋群

汕尾市東涌鎮東南部

青龍頭村宗祠祖屋群，其歷史可追溯到明朝先民遷居的悠悠歲月。因倚青龍山之巍峨，傍古龍鹽場之遺跡，故得「青龍頭」之名。在這片古老而神奇的土地上，100 餘座傳統民居錯落有致，仿佛一幅幅精美的歷史畫卷，靜靜鋪展在世人面前。其中，豫章堂作為代表性民居和宗祠，猶如一顆璀璨的明珠鑲嵌在群屋之中。走進青龍頭村，碑刻、楹聯、匾額琳琅滿目，仿佛置身於一座活生生的歷史文化博物館。這些珍貴的文物，不僅記錄了村莊的輝煌歷史，更傳承了先人的智慧與精神。

值得一提的是，青龍頭村六千多名子孫中，有三千餘人移居港澳，更有無數海外僑胞心繫故土，情牽家園。他們如同一隻隻展翅高飛的雄鷹，無論飛得多遠多高，都始終不忘回家的路。他們慷慨解囊，支持家鄉建設，每逢佳節便紛紛回鄉祭祖省親，用實際行動詮釋着對家鄉的深情厚誼。青龍頭村宗祠祖屋群見證了村莊的興衰變遷，承載了先人的智慧與精神，更凝聚了無數子孫對家鄉的深情厚意。

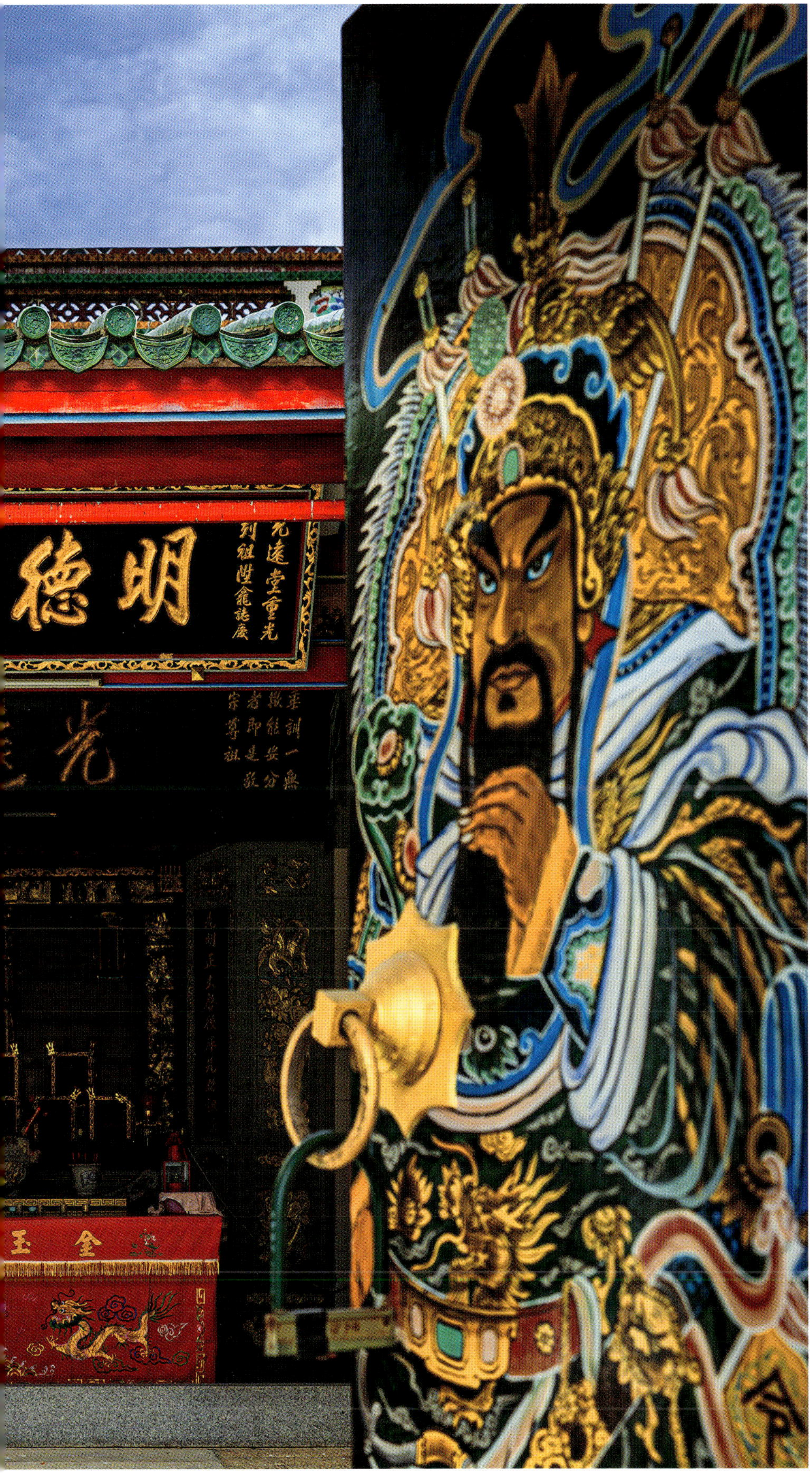

1 | 2 3

1 蕭建誠 攝
2 蕭建誠 攝
3 黃榮生 攝

樑美樓

汕尾市海豐縣陶河鎮港口村

樑美樓，其歷史可追溯至清乾隆三十年（1765 年）前後，為吳氏祖銘標公太玄孫、四世祖邦樑與邦美公兄弟共同締造的心血之作。2003 年，經過精心重修，為緬懷先祖高德，正式命名為「樑美樓」。這座古建築群，坐北朝南，佔地廣闊，約 2400 平方米，以其獨特的民俗風格吸引着無數目光，樓內 60 個廳房相互連通，宛如迷宮，既能為抵禦盜匪、抗禦颱風洪水時提供便利，也是孩子們嬉戲捉迷藏的絕佳場所。

樑美樓不僅是一處居家寶地，更見證了吳氏家族的繁榮與興盛。自建成入住以來，家族財丁興旺，人才輩出。邦樑、邦美公兄弟的商業事業蒸蒸日上，財源廣進，產業不斷擴張。他們秉承耕讀傳家的祖訓，於文亭設立書室，聘請名師教導子孫習文，以求功名；又在武亭設立習武房，強身健體，保家衛國，這一傳統代代相傳，歷久彌新。

1 | 3
2 |

1 蕭建誠 攝
2 黃榮生 攝
3 陳顯耀 攝

星聚堂

汕尾市海豐縣東笏村

1 | 2

1 譚敬 攝
2 黃禮祥 攝

星聚堂，其名寓意「德星聚會」，光輝璀璨。此堂始建於清光緒年間，總面積近 900 平方米，建築佈局精妙，三進五間配以二天井，形如「五馬拖車」，氣勢恢宏。堂前拜町廣闊，達 729 平方米，盡顯莊嚴大氣。堂內 44 根石柱巍然聳立，擎起屋頂，石柱上刻有 11 副對聯，文化底蘊深厚。

此堂不僅是陳氏會宗之地，更是學子們赴考前的集結與補習之所，因此又得名「陳氏家塾」。星聚堂還扮演着粵、閩兩省陳氏血脈溝通的橋樑角色，是兩地宗親互助互濟、增進親情的紐帶。自建成以來，粵閩兩地的陳氏宗親每年都會在此舉行盛大的「祭冬」活動，歡聚一堂，共同緬懷先賢，頌揚祖德，激勵後輩，弘揚愛鄉愛國之情。星聚堂，實乃宗親聯誼的大型活動場所，見證了陳氏家族的繁榮與團結。

河圖仔村

湛江市遂溪縣楊柑鎮

河圖仔村，是一處擁有近三百年悠久歷史的瑰寶之地。這裏依山傍水，風景如畫，自古以來便是人傑地靈、文明昌盛的村莊。該村始建於明朝，河圖仔村的先輩們從潮州遷徙至此，為粵西乃至遂溪楊柑帶來了獨特的建築風貌。村中的國王廟、良會公祠、光裕大宅、鄭尚書炮樓圍等古建築，無不展現出精湛的工藝和雄偉的氣勢，彰顯了極高的建築藝術水準。

更為難能可貴的是，河圖仔村人才輩出，厚植家國情。先輩們注重家風家教的培育，通過言傳身教，培育了一代又一代的先進典型人物。他們胸懷全局，心繫國家，自覺將個人理想、家庭幸福融入國家富強、民族復興的偉業之中，把個人夢與中國夢緊密相連，以實際行動踐行着自己的歷史使命和責任感。該村不僅是一處歷史遺跡，更是一部活生生的歷史教科書。它見證了村莊的興衰變遷，承載了先人的智慧與汗水，更凝聚了無數子孫對家鄉的眷戀與熱愛。

1 | 2 3

1 肖光洲 攝
2 詹卓乾 攝
3 邱 活 攝

梁氏大宅

高州市曹江鎮安良堡村

1 張永林 攝
2 藍遠峰 攝
3 藍遠峰 攝

梁氏大宅，始建於清朝咸豐年間，由當地鄉紳梁純齋傾心打造，以其獨特的碉樓堡寨式建築風格，傲然挺立於世。青磚砌成的外牆，堅固而莊重，堡周長達 700 米，高聳至 3.5 米，宛如一座堅不可摧的堡壘。東南西北，四座門樓巍然屹立，守護着這片土地與家園。而四角附設的碉堡炮樓，更是巧妙地融入在整體防禦體系之中。

曾幾何時，這座宅邸內熱鬧非凡，30 多戶、200 餘人共居於此，共用着家族的繁榮與安寧。然而，歲月無情，到了 20 世紀 30 年代初，舊堡因年久失修，開始出現了崩裂、坍塌的跡象。面對這一困境，梁純齋的後人沒有選擇逃避，而是勇敢地承擔起了修復與重建的重任。新宅於 1938 年動工，歷經數載艱辛，終於在 1943 年圓滿竣工。梁氏大宅的重建，不僅是對先輩榮耀的傳承，更是對家族未來的期許。它見證了梁氏家族的堅韌與智慧，也激勵着後人不斷前行，為家族的繁榮與榮耀而努力奮鬥。這座宅邸，如同一部活生生的歷史教科書，訴說着過去的故事，也啟迪着後人。

張氏宗祠

茂名市化州市河西街道江邊村

張氏宗祠，是一座承載着張氏家族深厚歷史與文化的聖地。這座宗祠在 2016 年得以重建，其背後是張氏宗親理事會的精心統籌，以及無數張氏後代子孫的慷慨捐資與無私奉獻。經過張氏後人的共同努力，這座佔地 2200 平方的宗祠終於在 2021 年圓滿落成。它不僅是張氏家族的一座標誌性建築，更是家族榮耀與傳承的象徵。

每年的農曆二月十六日和農曆八月十六日，張氏宗祠都會迎來盛大的祭祖儀式。這一天，來自廣東、廣西等地的張氏後人紛紛趕來，他們懷着對先祖的敬仰與緬懷之情，齊聚一堂，共同追尋家族的根源，緬懷先輩的豐功偉績。現場人頭攢動，熱鬧非凡，空氣中彌漫着濃厚的家族氛圍和祭祖的莊嚴感。張氏宗祠，作為張氏家族的精神家園，不僅見證了家族的繁榮與發展，更凝聚了無數張氏後人的智慧與心血。

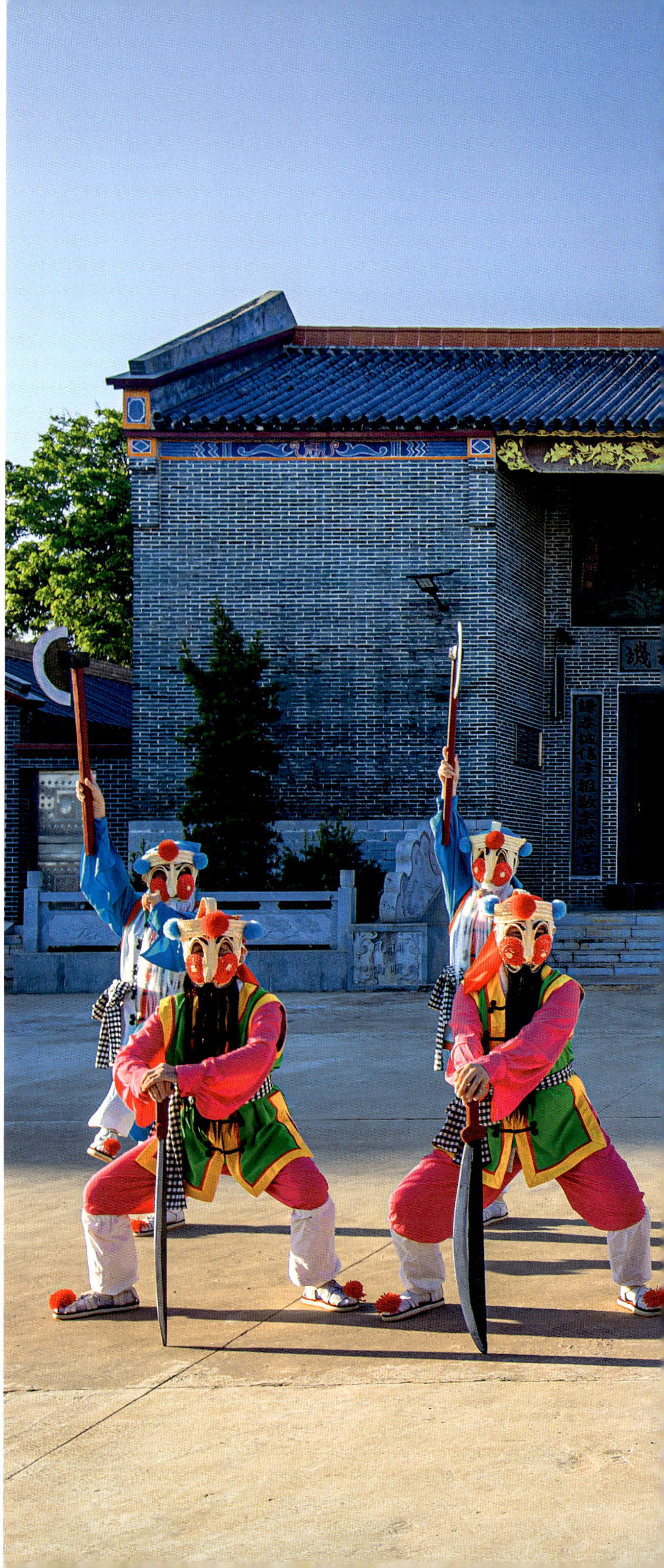

1 | 2

1 藍遠峰 攝
2 藍遠峰 攝

環溪莊公祠
鴻禧
系溯漆園宗枝蕃衍
派傳天水祖澤流長

環溪莊公祠

陽江市陽東區那龍鎮曆屯村

環溪莊公祠，自清朝乾隆年間便傲立於世，見證着歲月的流轉與歷史的沉澱。2014 年，得益於香港鄉賢的慷慨資助，這座古祠重獲新生，再度綻放其璀璨光芒。公祠以三進之制，佔地廣達 2000 平米，宛如一部展開的歷史長卷，講述着往日的輝煌。兩扇高大的朱漆鳳梨木大門，猶如歷史的守門人，靜靜地訴說着過往。跨過屏門，穿過天井，大享殿便展現在眼前，雕樑畫棟，美輪美奐，仿佛是天宮遺落人間的瑰寶。

環溪莊公祠，是勞動人民智慧的結晶，是莊族兒孫血脈中流淌的驕傲。它如同一座永恆的豐碑，屹立在子孫後代的心中，激勵着他們不斷前行，追尋着先輩的足跡，傳承着家族的榮光。

1 | 2 3

1 藍遠峰 攝
2 藍遠峰 攝
3 藍遠峰 攝

1 | 2

1　藍遠峰　攝
2　張永林　攝

盧氏兄弟老宅

韶關市湞江區十里亭鎮灣頭村

盧氏兄弟老宅，它不僅僅是一座懸山頂、磚木結構的清代建築，更是盧氏家族血脈相連、世代傳承的見證。祠堂坐西北朝東南，採用二開間四進的佈局。大門以堅石鑄就，門框、門墩、門檻上每一道痕跡都記錄着歲月的流轉。跨過第二門，便步入了祠堂的主體，這裏是小空坪與祠堂主體的交匯處，也是盧氏家族情感與記憶的交匯點。

灣頭村盧姓是此地的最大姓氏，其根源可追溯至江西省南康市。盧氏祠堂作為灣頭村古村落中最主要的代表，不僅承載着盧氏家族的歷史與文化，更凸顯了家族血脈的緊密聯繫。每一磚一瓦、每一道雕刻都彷彿在訴說着盧氏家族的故事，讓人在探尋中感受到那份穿越時空的家族情感與血脈相連的力量。

1 | 2

1 隋彪攝
2 隋彪攝

歐陽氏宗祠

韶關市樂昌市黃圃鎮上東村

歐陽氏宗祠，自清嘉慶十二年（1807 年）便承載着歐陽氏家族對先祖的深深崇敬與血脈相連的情感。這座由山東沂洲府知府歐煥舒晚年因病歸鄉時親手興建的宗祠，以其磚木、瓦、石二層樓房的堅固結構，佔地面積約 385 平方米，成為了歐陽氏家族精神的體現。

宗祠的門樓，採用單簷硬山頂，正脊葫蘆剎頂，兩側鼇魚吻獸，風火式山牆，不僅展現了建築的藝術美感，更寓意着家族先祖的威嚴與庇護。步入正廳，只見「祖德流芳」匾額高懸，這是對歐陽氏先祖高尚品德與卓越功勳的永恆銘記。匾額之下，是歐陽氏家族世代相傳的香火，它燃燒着家族對先祖的崇敬與懷念，也照亮着後人前行的道路，激勵着後人不斷追尋先輩的足跡，傳承家族的榮光。

1 | 2

1 隋彪攝
2 隋彪攝

歐陽氏宗祠
翰苑文章第一家
天下歐陽無二姓
东乐昌东村欧阳氏族理事
祝親的祖国民安国泰繁榮
賀桂峯子

楊氏宗祠

韶關市樂昌市梅花鎮大坪村

楊氏宗祠，又名光裕堂，建於清嘉慶九年（1804 年），至今已有兩百多年的歷史，該建築坐南朝北，佔地面積約 200 平方米。從建築結構上看，楊氏宗祠採用了磚、木、瓦等傳統材料，展現了清代建築的獨特風格。宗祠面闊三間，三進深，分為頭門、中廳和後廳三個部分，整體佈局嚴謹有序。祠內還懸掛着「光裕堂」「恩進士」「進士」等匾額，這些匾額不僅是對楊氏家族歷史榮譽的彰顯，也是對後人的一種鞭策和激勵。

據大坪村族中老人介紹，大坪楊氏早年曾有一批宗親遷居港澳台等地。雖然當事人一代已經去世，但他們的子、孫兩代仍然與故鄉的宗親保持着密切的聯繫。這種跨越地域的親情與聯繫，不僅體現了楊氏家族的團結與凝聚力，也見證了中華民族傳統文化中重視家族、注重親情的價值觀。

1 | 2

1　隋　彪　攝
2　秦宗良　攝

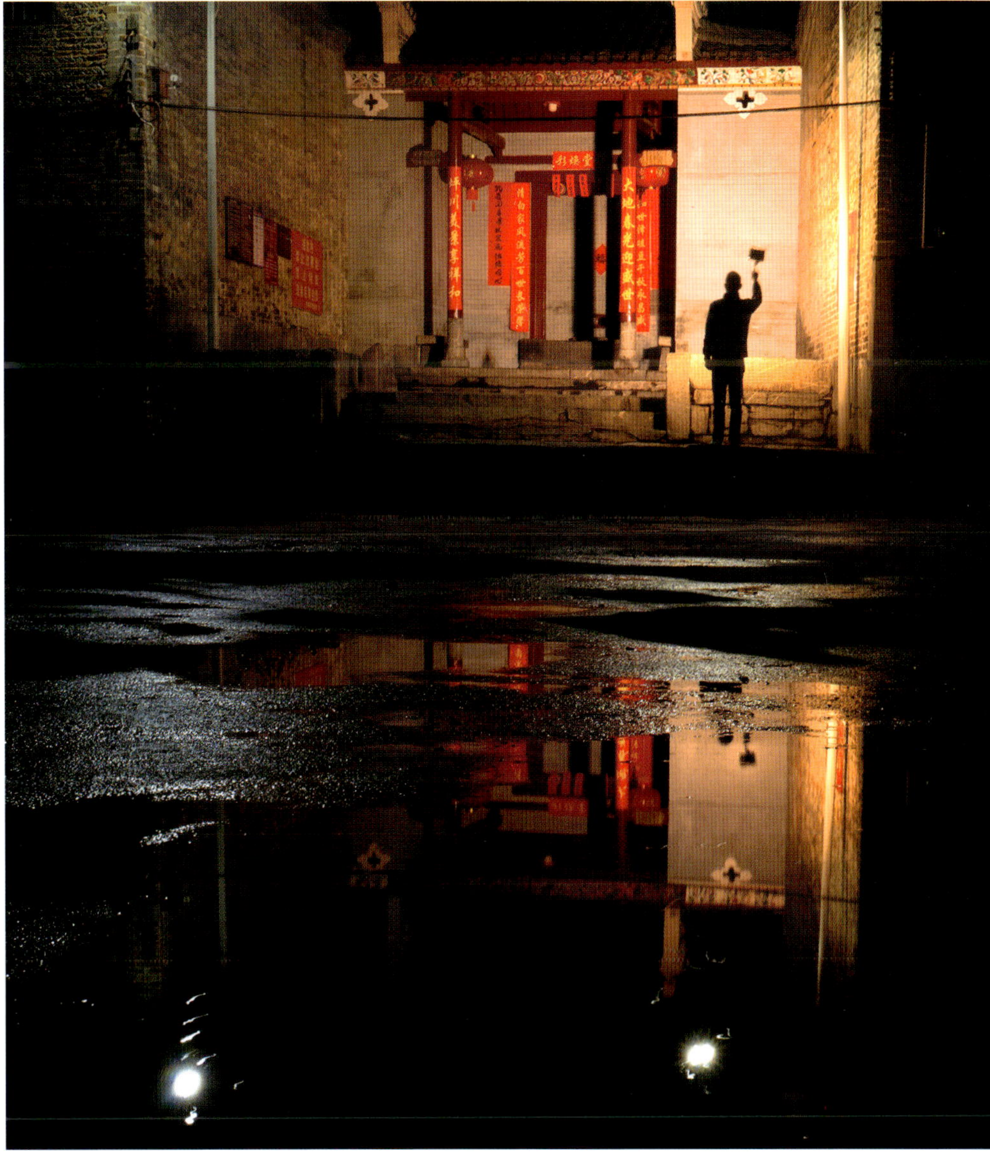

珠璣古巷

韶關市南雄市珠璣鎮珠璣村

珠璣古巷，距市中心 9 公里，是古代中原與江南通往嶺南的古驛道商業重鎮，也是廣府人及海外華人的重要發源地。古巷全長 1500 米，鵝卵石鋪就，寬 3～4 米，南起駟馬橋，北至鳳凰橋。清初建有三座門樓，兩旁民宅、祠堂、店舖林立，古樸清幽，存有古樓、古塔等古跡。

珠璣古巷擁有 1100 多年歷史，曾是中原移民南遷的聚居地，後裔多達七千萬人，遍佈海內外。從這裏遷出的姓氏達 186 個，成為中華民族拓展南疆的中轉站和華人尋根問祖的聖地。它見證了中華民族的遷徙與繁榮，承載了無數華人的鄉愁與記憶。作為嶺南文化的重要組成部分，珠璣古巷不僅展示了古代商業重鎮的繁華景象，更體現了中華民族堅韌不拔、勇往直前的精神。如今，這條千年古巷已成為連接海內外華人的重要紐帶，吸引着無數尋根問祖的華人前來探訪。

珠璣古巷是中華民族歷史上的重要篇章，是華人文化的重要載體，見證着中華民族的遷徙與繁榮，也承載着無數華人的共同記憶與情感。

1　2

1　黃楊軍　攝
2　黃楊軍　攝

何氏土特

1 | 2

1　秦宗良　攝
2　隋　彪　攝

百侯古鎮

梅州市大埔縣百侯鎮

百侯古鎮，這片土地不僅山川秀美，更孕育了淳樸的民風和濃厚的文化氛圍。自古以來，這裏便是文化之鄉、華僑之鄉以及革命老區，人才輩出，聲名遠播。

走進百侯古鎮，仿佛穿越時空，回到了那個古色古香的時代。作為客家民居的大觀園，百侯古鎮留下了超過 120 座保存完好的明、清古建築群。這些建築不僅展示了傳統的官廳式古民居的韻味，還呈現了多處中西合璧的建築美學。

漫步在古鎮的街頭巷尾，每一步都伴着濃厚的歷史文化氣氛。腳下的每一塊石板，眼前的每一扇木門，都仿佛在低語，訴說着古鎮與宗族血脈緊密相連的往事。肇慶堂、南麓公祠、企南軒以及聚奎樓等建築，不僅是古鎮建築美學的璀璨明珠，更是宗族血脈傳承的生動見證。它們矗立於古鎮之中，不僅承載着極高的歷史價值，還為遊客開啟了一扇窺探古代建築藝術與宗族文化的窗口。

1 | 3
2 | 4

1 關哲 攝
2 關哲 攝
3 丁俊豪 攝
4 丁俊豪 攝

企南軒

1 關哲攝

松口古鎮

梅州市梅縣區東北部

有着千年歷史的松口古鎮，建制早於梅州，是客家先民南遷的始居地之一，總面積三百多平方千米。有着「自古不認州」的盛名，享有「華僑之鄉、文化之鄉、山歌之鄉」的美譽，是千年古鎮，亦是中國嶺南四大古鎮之一。. 在 2017 年被評為「廣東十大海上絲綢之路文化地理座標」。

經千百年孕育，保存着豐富的客家人文資源。其客家山歌更是馳名中外，如「自古山歌從口（松口）出。」

嚴峻的自然條件深刻影響了松口鎮社會經濟的發展軌跡，同時也造就了松口獨特的移民史。「生齒日眾，地狹民稠」，有限的生活條件無法容納日漸龐大的人口生存，使得當地百姓不得不漂洋過海，向外發展。松口鎮是粵贛閩三省客僑「海上絲綢之路」的始發地，也是客僑回家光宗耀祖的首個落腳地。如今位於松口鎮繁華路的火船碼頭成為了最有代表性的客僑印跡之一。

1 2 | 3

1 董旭孔 攝
2 盧福全 攝
3 關 哲 攝

1　嚴錫鋒　攝

龍氏宗祠

清遠市橫石水鎮溪北村烏石下

龍氏宗祠，始建於明嘉靖年間，重修於 2002 年，佔地面積約 2500 平方米。祠堂分三進：祖堂、中廳、門廳，中廳寬敞明亮，渾樸大方，上掛歷代先賢功績牌匾、祖訓族規。清遠市政協委員、清遠市海外聯誼會副會長、澳門英德商會會長龍國強先生曾捐款支持對英德橫石水鎮龍氏宗祠進行重修。

1　2

1　梁惠波　攝
2　隋　彪　攝

以文為魂

二　以文為魂・崇文尚德

故園情是人生的根之所繫，是血脈的密佈和延伸。瓜瓞綿延，蘊含着濃郁的親情以及難忘的童年時光。

漫步南粵大地，山長水遠。一路感受廣東民居的特色。它們是故園情的物化。鑊耳牆上遍佈時光的斑駁身影，記錄了珠江三角洲發展的驚人步幅。圍屋作為國家級非物質文化遺產，是客家人群居的文化符號，牽動着世界客籍人士的心。潮汕平原遺留着古代世家大族的府第居住風貌。遍佈世界的潮人商幫，大力助推商業繁榮。

建築風尚是文化認同的基礎和粘合劑，張揚着嶺南崇尚的和睦、重文的道德精神。古老的審美精神沒有褪色，至今依然熠熠生輝。

把我們的心靈綰結在一起的，有眾多獨特的文化因素。在漫長歲月中，我們不但形成了共同的歷史，鑄就了嶺南的文化品格，營造了鄉土的生存氛圍，還把我們共同的理想和價值取向寫在我們高揚的旗幟上。

這塊土地上，彌漫着我們從小習慣的濃郁鄉土特色。族群的文化精神，頑強地滲透於語言、飲食、建築、藝文、風俗之中，展示着故園情的豐富內涵。文化為魂，不斷強化故園情的凝聚和延伸力。

時光默默流逝。廣東人的足跡滿天下，影響遍及世界。無論是天涯還是海角，海外遊子的根還在廣東，還在中國。

故園之情始終緊緊追隨我們。我們走得有多遠，對故鄉的思念就拉得有多長……

珠三角

劉烜偉　攝

陳家祠堂

廣州市荔灣區中山七路恩龍里

陳家祠堂，又名「陳氏書院」，俗稱「陳家祠」。它是現存規模最大的廣府傳統建築之一，也是我國現存規模最大、保存最完好、裝飾最精美的祠堂式建築，被譽為「嶺南建築藝術的明珠」。該祠籌建於清光緒十四年（1888 年），於光緒二十年（1894 年）落成，歷經歲月洗禮依然莊嚴屹立。它佔地 15000 平方米，建築面積達 8000 平方米，分為三軸、三進，內有九座廳堂和六個庭院，佈局嚴謹，氣勢恢弘。

陳家祠堂建築上的每一個構件，造型生動，色彩斑斕，技藝精湛，都流淌着匠心獨運。特別值得一提的是：以陶塑、灰塑、磚雕、石雕、木雕、銅鐵鑄及彩繪壁畫等「七絕」非遺工藝堪稱代表了清代廣東工藝的一流水準。其中，磚雕融合了中西風格；木雕寓意金榜題名、象徵美好；石雕如楊桃石雕則象徵對祖先的供奉；灰塑用草木灰和糯米粉製成，具有吸水散熱的功能；陶塑展現了南粵民間特色；彩塑色彩鮮明；鐵鑄則體現在空心鐵柱等建築構件上。

陳家祠堂作為廣東省各地陳氏宗族共同捐資興建的「合族祠」，不僅是陳氏宗族子弟赴省城備考科舉、候任、交納賦稅、訴訟等事務的臨時居所，更是嶺南地區建築藝術和文化的代表。它見證了陳氏家族的興衰和廣州這座城市的歷史變遷，是連接過去與現在的重要文化紐帶，其背後蘊含着深厚的儒家文化氣息和家族傳承的精神。隨着時代的推移，它的職能逐漸演變，如今作為國家一級博物館，是廣東民間工藝博物館的所在地，為嶺南文化提供了一個展示、傳承與發展的重要平台。

1 | 2

1　劉烜偉　攝
2　劉烜偉　攝

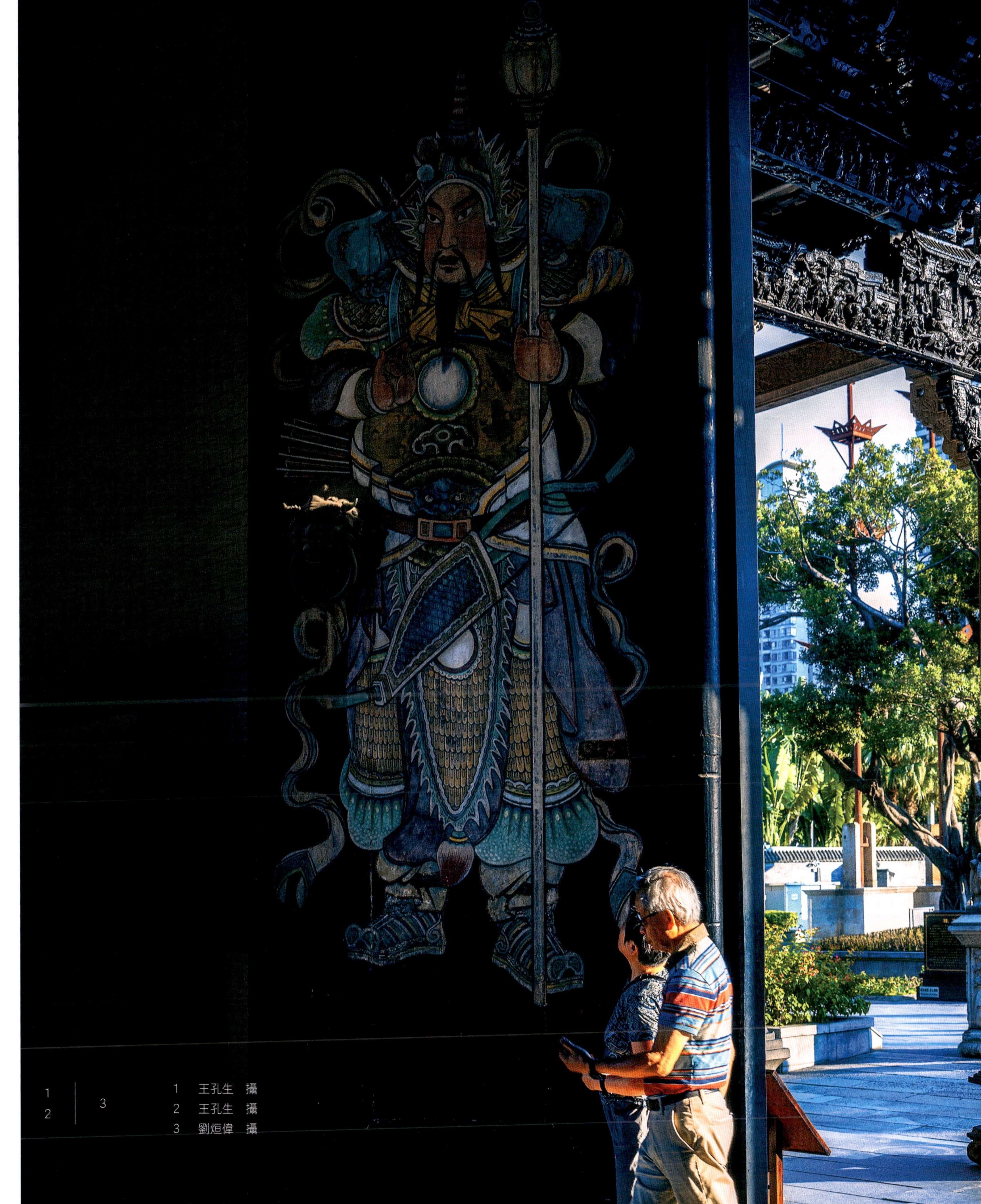

1 王孔生 攝
2 王孔生 攝
3 劉烜偉 攝

何氏大宗祠

廣州市番禺區沙灣鎮北村內

「蔭德原從宗祖種，心田留與子孫耕」，這副對聯懸掛於何氏大宗祠內，不僅是對何氏先賢德行的頌揚，更是家族文化代代相傳的生動寫照。何氏大宗祠也稱「留耕堂」，留耕堂祖訓明確提出了「敦篤祖業，力行古禮；勵志讀書，洞究經籍；置身躬耕，謹身持戒；以禮義教善，以貞忠自勵；以先世宦業相承，後人廢繼為恥」的要求。這些祖訓不僅要求子孫後代要守護好祖先的基業，還要立志讀書、精通經典，親自勞作、謹慎自律，並以禮義為準則幫助人改惡從善，以貞潔忠誠為原則勉勵自己。此外，還要繼承並保護好先祖為官時留下的物業，以糟蹋或廢棄祖上的這些遺產為羞恥。

該祠屬五開五進的古典殿堂式建築，整座祠堂佔地面積逾三千平方米，沿着中軸線對稱佈局，尤以柱多、雕刻精美、楹聯豐富為其特色。全堂共有 112 根木石柱，最大的需兩人合抱。雕刻技藝精湛，涵蓋石雕、木雕、磚雕和灰塑工藝，生動演繹了嶺南建築的精美與壯麗。

前澳門特別行政區行政長官何厚鏵，每年都會返回沙灣祭祖祈福。正是這種延續至今的傳統儀式，使何氏大宗祠在港澳地區擁有獨特的文化影響力。何氏大宗祠，這座屹立於沙灣的文化地標，以其獨特的建築美感和家族文化內涵，成為何氏宗族精神的凝聚點。

1 | 2
3

1　陳體根　攝
2　王孔生　攝
3　藍遠峰　攝

何
前人修後人續享之綿綿
書世澤

小宗果大宗同欽于世世
广东省文物保护单位
留耕堂
广东省人民政府
全国重点文物保护单位
沙湾留耕堂
中华人民共和国国务院2019年10月7日公布
广东省人民政府2021年6月21日立

劉烜偉　攝

麥氏大宗祠

廣州市南沙區黃閣鎮蓮溪村宿國新街

麥氏大宗祠，始建於宋代，於清光緒丁酉年（1897 年）重建，是廣州地區現存最古老的宗族祠堂之一，供奉着黃閣麥氏家族的開村先祖麥必達。

麥氏大宗祠佔地約 600 平方米，古樸中蘊藏恢宏氣勢。推開祠堂的大門，映入眼簾是色彩斑斕的獸脊、嶺南特色的青磚瓦礫、精美的石雕與木雕，仿佛帶人穿越至那個宗族輝煌的時代。其建築風格採用三進式佈局，依次為頭門、中堂與後堂。三進之間，以寬敞的走廊相連，磚木結構與石牆交錯，不顯單調，反而增添了一份莊重。祠堂內的壁畫色彩鮮豔，書法揮灑自如，雕刻細膩，整體既具傳統古韻，又不失現代審美的和諧美感。祠堂的屋脊採用嶺南獨特的龍舟脊設計，鼇魚、吉祥鳥獸栩栩如生，塑造出別具一格的建築韻味。

麥氏家族的起源可追溯至南宋咸淳九年（1273 年），因珠璣巷「胡妃事件」，麥必達攜家人南遷黃閣定居。此後，麥氏後裔繁衍生息，逐漸擴展至珠三角各地。這樣的遷徙歷史促使麥氏家族形成重視家族榮譽、團結互助的家風。每年重陽後的第二個星期日，麥氏宗親便從四面八方匯聚於此，祭祖參拜，場面盛大，人數多達千人。同時麥氏大宗祠是非物質文化遺產麒麟舞的重要展示和傳承地點。每逢佳節，如小年、大年初一、年初四的「開盆口」、三月二十三的「媽祖誕」以及年底的村子匯演等，麒麟舞都會在麥氏大宗祠前精彩上演，成為村民們慶祝節日的重頭戲。

1 | 2
3

1 劉烜偉 攝
2 王孔生 攝
3 劉烜偉 攝

均安堂

餘蔭山房

廣州市番禺區南村鎮北大街

餘蔭山房，又稱「餘蔭園」，為清代舉人鄔彬的私家花園。始建於清同治六年（1867 年），於同治十年（1871 年）落成。

因餘蔭山房是「廣東四大名園」中唯一能基本保存原貌的，並以其「藏而不露，縮龍成寸」的建築特色，被譽為嶺南古典園林的代表之作。餘蔭山房的園林部分有四座主體建築，包括臥瓢廬、臨池別館、深柳堂和玲瓏水榭，中間橫臥一座小虹橋，把花園分成東西兩部分。餘蔭山房具有小巧玲瓏、佈局精細的藝術特色，充分表現了古代嶺南園林建築的獨特風格和高超的造園藝術，反映了天人合一的文化特色，表現一種人與自然和諧統一的宇宙觀。灰塑是餘蔭山房中的一項重要非遺工藝，其灰塑作品色彩豔麗、栩栩如生，與青磚牆、碌灰筒瓦面的色彩基調形成鮮明對比，展現出嶺南地區的獨特藝術風格。

在這裏還經常舉辦非遺文化活動，如非遺手工藝集市、非遺景泰藍掐絲琺瑯畫展等，展示滿洲窗、灰塑、掐絲琺瑯、廣繡、漆藝等多種非遺專案工藝品，並邀請非遺專案的傳承人現身集市中，帶遊客一同體驗這些非遺專案，讓遊客切身感受非遺工藝的奇妙與魅力。

1 | 2 3

1 關哲 攝
2 馮健文 攝
3 馮健文 攝

觀瀾古墟

深圳市龍華區觀瀾街道新瀾社區

觀瀾古墟，猶如一幅淡雅水墨畫，自清朝中期漸成規模，至清末民初尤為繁盛。佔地 52000 平方米，集古碉樓、商舖、古寺於一體，盡顯嶺南客家與中西建築融合之美。八座碉樓巍峨矗立，守護往昔輝煌；一百六十七間商舖錯落，見證商賈雲集；古寺香煙嫋嫋，瀾閣臨風，承載乾隆遺風。

古墟內，賽龍舟的激情、舞麒麟的靈動、客家山歌的悠揚、古寺廟會的喧囂，共繪民俗風情長卷。街巷蜿蜒，石板路旁古木參天，彌漫着歷史沉香，保留着客家老墟市風貌，是具濃郁客家風情特色的商業街區，更是商品流通與文化交匯的見證。

昔日，觀瀾古墟商貿繁榮，車水馬龍，被譽為「小香港」，連接內外商貿，內地物產遠銷海外，海外奇珍匯聚，百業興旺。而今，古墟的非遺活動豐富多彩，包括麒麟舞非遺文化巡遊展演、非遺服飾文化系列活動、手藝工廠非遺廟會等。

1 | 2 3

1　陳體根　攝
2　黃小軍　攝
3　陳體根　攝

茂盛世居

深圳市龍崗區橫崗街道茂盛路

茂盛世居，雅號「茂盛圍」，是一處融洽了西洋風情的客家建築瑰寶。這座古建築始建於清嘉慶盛世，歷經雙世紀的風雨洗禮，猶自矗立，訴說着往昔的輝煌與滄桑。其獨特的建築風格和深厚的歷史底蘊，仿佛時光輕抵過印記，令人不禁駐足流連，感受那份跨越時空的寧靜與厚重。

此圍屋，以矩形圍城之姿，勾勒出一幅恢弘的歷史畫卷，建築面積六千餘平米，佔地萬餘平方，宛如一顆璀璨的明珠，鑲嵌於嶺南大地。茂盛世居，不僅是深圳古建之翹楚，更是客家民居中一顆閃耀的中西合璧明珠，被譽為「客家圍堡」，其獨特之處，在於將西洋的浪漫與客家的古樸巧妙融合，展現了一種跨越時空的建築美學。步入其間，歐式風情構件與客家傳統元素交相輝映，每一磚一瓦皆透露着匠人的匠心獨運與時代的交融印記。

尤為值得一提的是，此間還設有香港同鄉會會所，成為了兩地文化交流的溫馨橋樑。每當節慶之時，兩地鄉親歡聚一堂，共敘鄉情，那份跨越地域的深情厚誼，在此間流淌，更添了幾分人文的溫暖與情懷。此外，茂盛世居還經常作為非遺活動的舉辦地，舉辦過許多非遺文化主題活動，通過傳統佳節遊園賞非遺的形式，展示了龍崗區民俗風情和非物質文化遺產的風采，吸引了眾多市民和遊客的參與。

1　2

1　王　磊　攝
2　任曉曉　攝

思月書院

深圳市羅湖區東門步行街旁

思月書院，是張氏族人為緬懷先祖張思月而建的私塾聖地。歷經三百年風雨的它，不僅承載着深厚的文化底蘊，更是羅湖商業集市的文化象徵與教育核心。昔日，無數孩童在此啟蒙，書聲琅琅，傳承着先人的智慧與夢想。《書院春秋》，一壁紅木，細細雕琢，仿佛能穿越時空，讓人感受到先賢們傳道授業、孜孜不倦的崇高精神。

步入近代，思月書院更見證了歷史的滄桑巨變。在省港大罷工的動盪時期，它化身為深圳的接待站，為香港罷工工人提供臨時的避風港。1925 年，香港電車工人紛至遝來，在書院前集結，每日有千餘人由此踏上前往廣州的征途。深圳的商號與農民，以茶粥相迎，展現出深厚的同胞情誼。羅湖、南塘等地的居民更是慷慨解囊，將房屋讓出，為工人兄弟提供臨時住所，共同書寫了一段團結互助的佳話。

在這座充滿文化底蘊的書院裏，非遺文化的光芒得到了充分的展現與弘揚。春節期間，思月書院內熱鬧非凡，各種與非遺相關的民俗活動輪番上演，為市民和遊客帶來了一場場視覺與味覺的盛宴。捏麵人、糖葫蘆、包龍酥糖、糖畫等傳統手工藝，讓人們仿佛穿越回那個充滿純真與歡樂的年代，感受非遺文化的獨特魅力。而民間剪紙、編織中國結等傳統技藝，更是讓人們深刻體會到中華傳統文化無窮魅力。

1 | 2

1　陳炳忠　攝
2　穆　亦　攝

元勳舊址

深圳市羅湖區笋崗街道笋崗村

元勳舊址，又稱筍崗老圍，建於明代早期，已有 600 多年歷史，為明初筍崗何氏為紀念其祖先嶺南名賢何真而建，佔地面積約 4300 平方米，總建築面積約 6200 平方米。歷經六百年滄桑，是深圳都市中的古樸瑰寶，亦是廣府圍村建築的傑出代表。也是深圳市唯一保存下來的比較完整的廣府圍村建築，對於研究深圳地區古代建築藝術、家族制度以及廣府文化等具有重要的價值。

元勳古址，即筍崗老圍，隱匿於深圳羅湖筍崗村，歷史可追溯至明代，該址以方正佈局、巍峨碉樓和厚實圍牆彰顯其歷史厚重。圍內巷陌交織，房舍錯落，水井清澈，每一細節皆承載歲月故事。南門紅粉石砌，門額「元勳古址」石匾蒼勁，見證昔日榮耀。

作為深圳廣府圍村的孤例，元勳古址不僅是建築美學的典範，更是研究古代家族制度及廣府文化的珍貴實物。在元勳舊址門前，曾舉辦過「傳非遺文化，賞戲曲盛宴」筍崗社區第一屆民俗廟會活動。該廟會上展示了多種非遺傳統手工藝，如「捏麵人」「油紙傘」等。元勳古址與廟會的相遇，不僅是一次歷史的迴響，更是一場文化的盛宴。

1 | 2

1　穆　亦　攝
2　陳體根　攝

媲美扁盧
手冲咖啡
環球廿四味

李眾勝堂祖舖

佛山市禪城區祖廟街道祖廟大街

在佛山市禪城區的古韻中，隱藏着一處醫藥瑰寶——李眾勝堂祖舖。這裏是「保濟丸」的發源地，融合了中醫藥文化與商業智慧。民國初年，李兆基先生以非凡的遠見和匠心，在祖廟大街創建了古樸典雅的「李眾勝堂」。而保濟丸這一良藥，歷經時光，美名遠播至港澳及東南亞國家。

李眾勝堂祖舖，兩層樓高，前樓之下是繁華商舖，商舖之內，空間開闊，佈局巧妙為三進三層硬山頂青磚木結構。屋頂之上，別致的天窗為室內帶來了充足的光線。它不止是建築，更是其精神的傳承與延續，見證了李兆基對中醫藥的熱愛與奉獻，以及保濟丸的輝煌歷史。每一塊青磚、每一片瓦礫都蘊含着深厚的歷史文化底蘊與藝術價值，展現了中醫藥文化的博大精深與源遠流長。在這裏，人們不僅能感受到建築的獨特魅力，更能深刻體會到中醫藥文化的精神內涵。它是中醫藥文化傳承與發展的重要里程碑，值得世人珍視。

1 | 2 3

1　黃志強　攝
2　張勇軍　攝
3　吳錦榮　攝

霍氏古祠建築群

佛山市禪城區石灣鎮街道石頭村

霍氏古祠建築群是一組大型建築群，始建於明嘉靖四年（1525 年），並在清嘉慶、光緒年間進行了重修。該建築群由四座並列的祠堂組成，自南至北依次為「霍勉齋公家廟」「椿林霍公祠」「霍氏家廟」和「霍文敏公家廟（石頭書院）」。該建築群氣勢宏偉，展現出古代建築的莊重與規整。作為霍氏家族的重要文化遺產，這組建築群見證了霍氏家族的興衰更替和文化傳承。

這裏不僅是霍氏家族祭祀祖先、傳承家族文化的場所，也是研究古代社會、文化、藝術等方面的重要實物資料。同時，隨着「嶺南文脈軸線」的構成，在祠的活化利用，它吸引了眾多遊客前來參觀遊覽，為當地的文化旅遊事業注入了新的活力。

1 | 3
2 | 4

1　黃志強　攝
2　吳錦榮　攝
3　張勇軍　攝
4　黃志強　攝

仁園

佛山市順德區龍江鎮永寧里

仁園外觀古樸典雅，內裏曲徑通幽，花木扶疏，是嶺南園林的經典之作，曾獲得廣東省嶺南特色鄉村民居銀獎。這裏是享譽海內外的香港曆法專家蔡伯勵先生的私家園林。廣義的仁園古建築群由三部分組成，一是仁園特色園林，二是故居廉廬，三是仁雅文化學院。仁園建築古群佔地約 10000 平方米，其中仁園特色園林部分約 5400 平方米。仁園古建築群的修繕建設從 1999 年至 2009 年，持續了 10 年時間。

真步堂天文曆算是一種由蔡氏家族創立並傳承至今的天文曆法演算方式，是廣東省省級非物質文化遺產。蔡伯勵是真步堂天文曆算的第三代傳人，該天文曆算於 2013 年被列入廣東省第五批省級非物質文化遺產名錄。

1 | 2

1 吳錦榮 攝
2 黃志強 攝

簡氏別墅

佛山市禪城區祖廟街道

簡氏別墅，佔地面積三千多平方米。別墅由門樓、主樓、後樓及西樓組成，佈局嚴謹，盡顯華貴。主樓二層，仿義大利文藝復興風格，鋼筋混凝土結構內藏大理石地面與柚木洋式欄杆，紅磚雕刻窗簷，水磨青磚外牆，盡顯雅致。西樓三層，鋼筋混凝土與青磚混合，展現西洋風情。

簡氏別墅不僅是佛山現存規模最大的民初中西合璧建築，還是展示佛山非遺珍寶的重要場所。在簡氏別墅內，曾舉辦過多次與非遺相關的展覽。例如，「匠作秋色．最嶺南——佛山非物質文化遺產展」，展覽分為傳承人圖版、室內實物展以及室外圖片展三部分，體現了人—物—精神的創造過程。這樣的展覽不僅展示了佛山非遺的瑰寶，也讓更多人瞭解了簡氏別墅這一歷史文化建築。

別墅的主人雖遷居香港，但心繫祖國，慷慨捐資辦學，熱心公益，造福桑梓。簡氏別墅不僅是建築藝術的瑰寶，更是簡氏家族奮鬥史與愛國情懷的見證。

1 | 3
2 |

1 吳錦榮 攝
2 黃志強 攝
3 張勇軍 攝

廖氏宗祠

佛山市順德區勒流街道扶閭村

廖氏宗祠，建成於清光緒三年（1877）。2004 年，扶閭村的廖氏子孫秉承先賢遺風，編纂《扶閭廖氏家譜》，並立宗規以傳後世。

該祠規模宏大，形制嚴整，石雕、木雕、磚雕以及灰塑工藝精湛，具有較高的歷史、藝術價值。大門兩側，木刻對聯高懸，上書：「武威揚國譽，世綵振家聲」。上聯頌揚其先祖德明公南宋時，進士出身，官至廣東提點後參加平蠻夷有功，封為武威王；下聯則追憶其先祖廖剛，南宋時官至工尚書，以「世綵堂」為居。寓意家族世代繁榮，聲名顯赫。

該祠面闊三間，進深三進，硬山頂，灰塑博古瓦脊較高，並有醒獅、蝙蝠、花籃、石榴等圖案，人字封火山牆，素胎瓦當，青磚牆，麻石腳。頭門前廊三步，置鼇魚托腳、校檄等構件。二進樑架雕有「禹門」木雕。包台台基有花崗岩石雕花紋圖案，左為「麟趾呈祥」，右為「龍鳳交輝」。隔架科上雕有人物、花卉生動精緻。牆楣上飾有擸柑送酒等壁畫，楊瑞石畫，線條有力流暢、構圖合理。

廖氏宗祠，是廖氏家族興旺發展的見證，也是其精神與文化的傳承之地。它激勵着每一代廖氏子孫不忘初心，砥礪前行。

1　2　3

1　吳錦榮　攝
2　吳錦榮　攝
3　林添福　攝

梁園

佛山市禪城區松風路先鋒古道之側

梁園是佛山梁氏私家宅園的總稱，與番禺餘蔭山房、順德清暉園、東莞可園並稱為「嶺南四大園林」。此園於清嘉慶、道光年間（1796—1850 年），由當地詩書畫名家梁藹如、梁九華、梁九章、梁九圖四叔侄陸續建成。梁園內佈局精妙、格調高雅；園內佳果盈枝、鳥語花香；亭廊橋榭、堂閣樓台式式俱備，一磚一瓦皆透露着匠心獨運與造園主對個性和自由人格的追求。

作為清代嶺南文人園林之典範，梁園不僅融合了宅第之莊重、祠堂之肅穆，更將園林之美發揮到極致。嶺南式「庭園」空間變化迭出，造園者不拘一格，以自然為師，追求雅淡之境，使整座園林充滿了嶺南水鄉獨有的韻味與風情。

現今，梁園作為佛山市禪城區博物館的下轄場館，是定期展示佛山地方文物和非遺文化的重要場所。在梁園內，遊客可以近距離接觸到佛山餅印、雕版印刷、佛山木版年畫、佛山獅頭、石灣陶塑技藝、佛山彩燈、佛山刺繡、蔡李佛功夫推拿、佛山剪紙、紮蹄製作技藝、香雲紗染整技藝以及廣繡等多種富有嶺南文化特色的非物質文化遺產。

1 關哲 攝
2 鍾振鋒 攝
3 藍斯明 攝

鳴石花園

佛山市順德區羊額大道

鳴石花園，始建於清末民初，是著名僑胞何鳴石先生的故居。何鳴石在海外發跡後便歸國建了鳴石花園作為自住的宅院。整個園外有三層樓高的護院樓，院內則主要分為生活居住區、小洋樓及庭院三大部分。園內建築及庭院裝飾中西合璧，建築群中既有中式的「鑊耳屋」，也有西式的小洋樓，花園內的中式八角古亭及歐式的拱門、噴泉交相輝映。即使經歷了上百年的歷史，它那融合中西的獨特氣質依然別具韻味。

1 | 2

1　張勇軍　攝
2　吳錦榮　攝

清暉園

佛山市順德區大良街道清輝路

清暉園原為明萬曆三十五年（1607 年）狀元黃士俊府邸，清乾隆年間為進士龍應時購得，清嘉慶十一年（1806 年）由龍廷槐之子龍元任打建稱「清暉園」。其後，復經龍氏數代精心營建，格局始臻定型。其佔地面積廣達 2.25 萬平方米，宛若一幅淡雅古樸的水墨畫卷，展於嶺南大地之上，既承襲了嶺南庭院之靈秀，又巧妙融合了江南園林之溫婉。園內佈局，精妙絕倫，空間錯落有致，主次分明。

碧水繞園，綠蔭掩映，古牆斑駁，漏窗透月，石山嶙峋，小橋流水，曲廊蜿蜒，與錯落有致的亭台樓閣交相輝映，每一處景致皆是大自然與人文智慧的完美融合。漫步其間，仿佛步入了一個詩畫世界，古建築的飛簷翹角，訴說着往昔的輝煌；園林中的一石一木，一磚一瓦，皆蘊含着匠人的心血與智慧，灰雕細膩，雕刻傳神，詩書墨香，更添幾分文人雅趣。

近年來，清暉園積極與非遺文化相結合，推出了多項非遺主題活動。例如，在每年的文化和自然遺產日期間，清暉園會舉辦非遺夜活動，通過茶文化體驗、詠春拳表演、粵劇表演等輪番上演以及香雲紗走秀等時尚創意方式，讓遊客在古園林中充分感受優秀傳統文化的魅力。

1 | 2
3

1　黃志強　攝
2　吳錦榮　攝
3　黃志強　攝

狀元堂

1　　2

1　張勇軍　攝
2　林添福　攝

可園

東莞市莞城街道可園路

可園，始建於清道光三十年（1850 年），雖僅佔地 2200 平方米，卻為嶺南四大園林之一。其以「小巧玲瓏、設計精巧」聞名，將住宅、庭院、書齋和諧融合於三畝三分地內。園內亭台樓閣、山水橋榭，錯落有致，佈局曲折回環，盡現嶺南園林之精髓。

張敬修，可園之主，武將文人兼備，歸隱後傾心造園，融自然與人文於一體。園名「可園」，取自「可以」「可人」之意，蘊含深邃哲思。園中環境清幽，遵循嶺南園林「順其自然，改善自然」的原則，夏日亦覺涼爽宜人。可園不僅是建築藝術的展現，更是張敬修生活態度與哲學思想的體現。漫步其間，仿佛穿越時空，與古人對話。

在可園，非遺文化活動頻繁上演，吸引了大量市民和遊客的關注。例如，在近年春節期間，可園會舉辦粵劇小曲展演，遊客可以欣賞到《彩鳳丹青》《荔枝頌》等經典節目，感受粵劇這一非遺文化的獨特魅力。此外，可園還推出非遺花式剪紙互動等活動，邀請非遺傳承人現場傳授剪紙技巧；舉辦粵劇花臉藝術影像展，讓遊客親身體驗非遺傳統文化的魅力。

1 | 3
2

1 關哲 攝
2 胡猛 攝
3 楊玉誠 攝

南社明清古村落

東莞市茶山鎮西甫巷

南社古村，歲月悠悠，自宋代煙雨中走來。村垣為界，明清遺風悠然。古祠三十，古宅二百五十餘，錯落有致，依山傍水，長塘如鏡映古韻。巷陌縱橫，安防周密，古意盎然。

青磚黛瓦間，「三間兩廊」展珠三角水鄉風韻，條石築基，紅砂岩門框，每一磚一瓦皆訴說着往昔輝煌。家廟林立，獨門獨戶，井水潺潺，麻石小巷迴響着歷史的低語，盡顯嶺南水鄉之獨特風情，非「客家圍」之圍合，亦非「潮汕大屋」之宏闊，自有其溫婉細膩。

昔日文風鼎盛，謝氏才子輩出，進士舉人十數名，書香門第，光耀嶺南。香港影帝謝君豪之根亦深植於此，祖屋靜默，見證家族榮耀與滄桑變遷。

南社古村，以其深厚的歷史底蘊和豐富的文化遺產吸引着四面八方的遊客。論及美食，南社古村之九大簋，實為嶺南飲食文化之精髓。每一道菜，皆蘊含南社人之智慧與情感，回味無窮，彷若家的味道。且說文化底蘊，南社古村亦是不凡。齋醮大巡遊、綢衣燈公等非遺專案，皆為省級、市級之瑰寶，展現南社村多彩民俗與精湛技藝。千載傳承，盡顯人文歷史之深厚，家國情懷之濃烈。為弘揚非遺文化，南社古村更舉辦諸多活動。粵劇臉譜彩繪、醒獅頭彩繪、香牌香囊製作等親子體驗，讓遊客與孩童親手觸摸非遺之魅力。

1　陳體根　攝

1 2 | 3

1　劉烜偉　攝
2　王孔生　攝
3　黄小軍　攝

逆水流龜村堡

東莞市虎門鎮白沙村

有一座古韻悠悠的逆水流龜村堡，它悄然矗立於時光深處，為明末崇禎年間虎門白沙人鄭瑜所建。此堡宛若靈龜伏地，形神兼備，巧奪天工。

村堡方正，東北依勢，西南向陽，佔地廣袤六千餘平。四周環繞着 6 米高、0.6 米厚的護寨牆，厚實如磐，守護着歲月靜好。村堡取形於龜，四角望樓為龜足，北樓呈龜頭，南樓原有吊橋為龜尾。其佈局精妙，仿龜腹甲之奧秘，房屋錯落，排水有道，是東莞地區現存較完整的一處集中體現中國傳統「仿生象物」營造理念的廣府圍村。

尤為稱奇者，村北溪流潺潺，逆水而居，故名「逆水流龜」，寓意着不屈不撓、逆流而上的堅韌精神。而村外，一條 18 米寬的護村河靜靜環繞，碧波蕩漾，將村堡溫柔地擁入懷中，又添幾分水鄉柔情，世人遂又稱之為白沙水圍村，美名遠播。

1 | 2

1 穆 亦 攝
2 王孔生 攝

塘尾古村

東莞市石排鎮塘尾村

塘尾古村，始建於宋代，歷經八百年風雨洗禮，依舊風韻猶存，是廣東珠江三角洲地區規模較大、原生態保存最為完整的古村落之一。這座古村巧妙佈局，以古樸的圍牆為界，圍合出一方約 40,000 平方米的寧靜天地。整體格局歷經滄桑而完好無損，明清時期的建築瑰寶比比皆是，共計兩百六十餘座古民居錯落有致，每一磚一瓦都透露着歷史的厚重與文化的深邃。圍牆、炮樓巍峨挺立，里巷曲折通幽，祠堂莊嚴肅穆，書室翰墨飄香，民居古樸雅致，古井、池塘清澈如鏡，古榕蒼勁挺拔，共同勾勒出一幅聚族而居、和諧共生的農業村落絕美畫卷。

尤為令人讚歎的是，塘尾古村的這些民居中，精美的石雕、木雕和灰塑建築構件琳琅滿目，巧奪天工。此外，這裏還珍藏了大量明、清、民國乃至改革開放前的生活與生產用具，它們不僅是歲月的見證，更是歷史的瑰寶，蘊含着豐富的歷史、科學與藝術價值，等待着每一位探訪者的細細品味與深深敬仰。

這裏還舉辦各種非遺活動，如陶藝體驗、書法作品展和「康王寶誕」巡遊等，吸引了眾多遊客前來參與和體驗。這些活動不僅豐富了遊客的文化體驗，也為非遺文化的傳承和發展提供了新的平台。

1 | 2 3

1　王孔生　攝
2　穆　亦　攝
3　王孔生　攝

會同村

珠海市香洲區唐家灣鎮西南

會同村，是珠海保存最完好的古村落。始建於清雍正十年（1732年），由莫、鮑、譚三姓遷居於此而形成，以開村始祖莫會同之名命名，歷經近三百年風雨，它不僅承載着深厚的革命歷史，亦是聞名的僑鄉。19 世紀中葉，隨着清政府洋務運動的興起，會同村村民勇敢踏上赴港澳及海外的征途。莫仕揚、莫藻泉、莫幹生祖孫三代，自 1870 年至 1931 年間，引領千餘族人走出鄉村，培養了一支精通西方經營之道的管理精英，於香港、廣州、上海、福建等地創立眾多新興民族工商企業，為中國近代化進程貢獻了不可磨滅的力量。

會同村的祠堂、民居建築品質上乘，多採用中國傳統的木結構樑架體系，抬樑、山牆承重混合使用，在外簷處雕刻石柱代替木柱以避風雨潮氣為當地特色，石樑托、雀替、牛腿的透空雕刻工藝非常高超。

在這裏遊客可以欣賞到精美的石雕、木雕、磚雕和陶塑等傳統工藝品，領略到濃郁的中原文化氣息和非遺文化的獨特魅力。同時，古村內還舉辦豐富多樣的非遺文化活動，如剪紙、竹編、舞獅巡演等，讓遊客在參與中感受非遺文化的深厚底蘊。

1　2　3
　　　4

1　吳錦榮　攝
2　劉光勇　攝
3　曾　志　攝（棲霞仙館）
4　曾　志　攝（棲霞仙館）

排山村

珠海市斗門區

排山村，坐落在風光秀美的黃楊山西面，是珠海市規模最大，保存最完整的古村。

該村背靠小山，面臨田野，因民居順着斜山坡，循地勢由高至低而建，且一排排井然有序、整齊排列，即傾斜又成排，因此，在清乾隆年間立村時命名為斜排村，直至民國初年才改為排山村。排山立村至今已 240 餘年，佔地面積約 16 萬平方米。

排山村是典型的僑鄉，常住人口 400 多人，祖籍排山村的華僑則有近 1000 人，主要分佈在美國、加拿大、澳大利亞等地。

村中現存傳統廣府民居 83 座，以古樸粗獷的糯米夯土牆民居為主，夾雜着紅牆、青磚、綠瓦的特色民居，大多為一屋一院格局。移步異景，處處可見古井、匾額、楹聯、古民居……彰顯着排山村深厚的人文歷史，完整地反映了清末民初這一歷史時期的傳統風貌和嶺南古村落特色以及廣府民俗風情，具有較高的歷史人文和科研價值。

1　2

1　吳錦榮　攝
2　黃志強　攝

赤坎古鎮

江門市開平市赤坎鎮河南路

赤坎古鎮，位於開平市中部潭江河畔。已有370年開埠建墟歷史，由上埠關族、下埠司徒氏在古鎮東西兩端聚居發展而成，擁有600多座騎樓，這裏高聳碉樓、風貌老街、僑鄉民居、宗族祠堂、宗族圖書館等綿延三千米，是全國規模最龐大、介面最連續、保存最完整的僑鄉古騎樓建築群。

「三百年開埠建墟，兩家族競耀爭輝，一僑領彪炳史冊」，這是對百年華僑史的精妙概述。這裏一景一物皆書寫着繁華歷史，一河兩岸獨特的中西合璧風格，燈火輝煌的夜景，演繹着一個現實版「金墟」的煙火人間。

在赤坎古鎮，遊客可以近距離感受醒獅表演、舞火龍、打鐵花、英歌舞等非遺的魅力專案，讓遊客在觀賞中領略到非遺文化的獨特韻味。同時，古鎮內還設有非遺文創區、製作技藝展示區和遊客體驗區，遊客可以在這裏瞭解非遺文化，親手繪製專屬於自己的非遺手信，如鎮濠泥雞等，實現與非遺文化的親密接觸。

1 | 2

1　張勇軍　攝
2　林添福　攝

風采堂

江門市開平市三埠鎮古平路風采中學內

清光緒三十二年（1906 年）始建，民國三年（1914 年）竣工。又名「名賢余忠襄公祠」，簡稱「名賢祠」，是開平、台山兩地余姓族人紀念他們的祖先余靖而修建的。余靖是北宋著名的政治家、外交家、思想家和文字家，官至工部尚書。宋仁宗賜予余靖「風采第一，廣南定亂，經略無雙」十二字評價，余靖的後人就以「風采」為家族堂號，傳揚余忠襄公的品德和事蹟。

風采堂建築藝術獨特，中西合璧，由風采堂和風采樓兩個主體建築物和門樓與環形祠圍牆構成，擁有三進六院十五廳堂的嶺南庭院式佈局，總面積約 5300 平方米。其在建築設計上大膽應用西式結構，如柱式、拱券、窗飾、鐵柱等，而在藝術裝飾方面卻採用石雕、磚雕、木雕、灰塑、陶塑、瓦頂琉璃等這些傳統中式建築藝術。風采堂文化底蘊深厚，祠校合一，集紀念、教育、文化於一體，是嶺南地區祠堂建築的傑出代表。

1 2 | 3

1　吳錦榮　攝
2　黃志強　攝
3　吳錦榮　攝

立園

江門市開平市塘口鎮賡華村

立園，是塘口鎮旅美華僑謝維立的私人園林。開平立園以人名作園名，有「立樹立人」的含義。於 1926 年動工建設，歷時十年初步建成，佔地約 19600 平方米，集傳統園藝、西洋建築、江南水鄉特色於一體，其獨特的建築藝術風格在中國園林中獨樹一幟，是中國較為完整的中西結合的名園。

園內的建築如別墅、碉樓等，既保留了中國古典建築的韻味，又融入了西洋建築的特點，建築細部裝飾精美，富含文化內涵。佈局巧妙，景觀設精緻計，園中有園、景中有景。這些細部設計不僅增強了立園的藝術美感，也提升了其文化內涵和觀賞價值，展現了華僑園林建築的獨特魅力。

1 | 2

1 陳宇峰 攝
2 謝春儉 攝

馬降龍碉樓群

江門市開平市百合鎮馬降龍村

馬降龍村落群地理位置得天獨厚，依山傍水，竹林蔥鬱，果園飄香，構成了一幅如詩如畫的田園風光畫卷。

七座碉樓與八座西式別墅巍然屹立，它們錯落有致，外觀古樸典雅，內部結構精巧複雜，既有中國傳統建築的韻味，又融入了西方建築的元素，形成了別具一格的建築風格。這些建築不僅是華僑衣錦還鄉的見證，更是中西建築藝術完美融合的典範。其中，永安村的天祿樓，以其雄偉之姿，訴說着華僑們對家鄉的深情厚誼和不懈追求。

馬降龍村落群其碉樓群作為世界文化遺產，是非遺文化的重要載體。在馬降龍村落群，非遺活動得到了充分的展示和傳承。例如，在春節期間，開平碉樓文化旅遊區會舉辦各種非遺活動，如碉樓銀信賀新春等，將歷史與節慶相連，為遊客送上獨具僑鄉特色的新春祝福。此外，周邊的村落如蝦邊村還保留着舞草龍等傳統民俗活動，這些活動已有數百年的歷史，是中原龍文化在南遷過程中的傳承與發展。

1 | 3
2 |

1 吳錦榮 攝
2 吳錦榮 攝
3 黃志強 攝

梅家大院

江門市台山市端芬鎮大同河畔

梅家大院從 1931 年起，由當地梅、丘、曹、江等 10 餘姓海內外鄉親集資興建，由於梅姓股東人數佔到一半以上，故有「梅家大院」之稱。大院佔地面積 30 畝，108 幢二至三層帶騎樓的樓房，呈長方形排列，鱗次櫛比，整齊劃一，中間有 10 畝專供商販擺賣商品的市場空地，當時銀號、茶樓飯店、華洋雜貨等商號一應俱全，儼如一座小城。

梅家大院是國內少有的具有相當規模且保存得較好的華僑建築群。大院的規劃設計是業主將各自旅居國的風情和建築特色融入於中華建築藝術之中。它既是華僑建築的典型代表和「第一僑鄉」的重點標誌之一，也是台山市寶貴的歷史文化遺產。

1 2 3

1 張向良 攝
2 黃志強 攝
3 林添福 攝

自力村

江門市開平市塘口鎮

自力村，是開平碉樓輝煌時期的縮影。村內碉樓群建築精美，錯落有致，展現了獨特的建築藝術。這些碉樓風格多樣，既有柱廊式、平台式，也有城堡式和混合式，每一座都別具一格。

有的碉樓依據海外圖紙精心建造，有的則是樓主獨特創意的體現。這種多樣性使得在開平地區難以找到兩座完全相同的碉樓，該村的碉樓外觀雄偉，內部結構精巧複雜，中西合璧的風格讓人歎為觀止，它們共同編織了一個「世界建築藝術博物館」。

這裏的碉樓不僅是居住的空間，更是文化的載體，訴說着自力村的歷史和文化底蘊。共同見證了華僑的艱辛與榮耀，也承載着村民們的夢想與希望。

1　2

1　吳錦榮　攝
2　黃志強　攝

石屋恒益炮樓

肇慶市廣寧縣石屋村

石屋恒益炮樓，清末民初之傑作，融匯中西建築之精髓，彰顯客家炮樓之獨特魅力。一樓以堅固石牆為基，二至四樓則巧妙融入青磚與水泥混凝土等新型建材，展現時代變遷之痕。

炮樓外觀，裝飾繁複，線條流暢，雕刻精美。西式弧形拱門、窗頂與洋樓風格設計，巧妙點綴其間，中西合璧，相得益彰。內部結構，雖未詳述，但可想像其精巧佈局，既實用又美觀。

它不僅為客家建築之瑰寶，更承載着深厚文化底蘊，展現繼承創新之精神。其獨特風格，為研究中國傳統文化與西方文明交融提供寶貴實例，具有極高文化地位與深遠影響。此炮樓，猶如歷史見證者，默默訴說着中西文化碰撞與融合之傳奇故事，引人入勝，令人歎為觀止。

1 | 2 3

1　張永林　攝
2　藍遠峰　攝
3　藍遠峰　攝

粵東 粵西 粵北

隋彪攝

從熙公祠

潮州市潮安區彩塘鎮金砂村

從熙公祠，其歷史可追溯至清同治九年（1870 年）。這座祠堂由清代旅居馬來西亞柔佛州的僑領陳旭年（又名從熙）斥鉅資興建。公祠坐東向西，佔地廣闊，總建築面積約 1300 平方米。其建築佈局超越傳統「四點金」規格，前後兩進，配以天井、抱廈、兩廊及後包，結構嚴謹，氣勢恢宏。從熙公祠的建築裝飾堪稱一絕，充分運用了潮州金漆木雕和石刻技藝，打造出無數精美絕倫的工藝品，令人驚歎。

從熙公祠作為潮汕地區非物質文化遺產的瑰寶，不僅建築本身蘊含了豐富的非遺藝術，如潮州石雕、潮州木雕、潮州嵌瓷和潮州泥塑等，還經常舉辦與非遺文化相關的活動。例如，曾有一場別具一格的服裝拍攝活動在從熙公祠舉行，模特們身着精美獨特的古風服裝，在古樸典雅的公祠背景下，呈現了「行走」的非遺人文之美，實現了傳統與潮流的跨界融合。

1 | 2
  | 3

1　陳顯耀　攝
2　穆　亦　攝
3　黃榮生　攝

丁宦大宗祠

潮州市湘橋區磷溪鎮仙田三村

丁宦大宗祠，始建於明萬曆十年（1582 年），為仙田鄉丁氏崇祀其入潮始祖丁公允元祠堂。迄今已逾四百年歷史。這座佔地 1200 平方米的三進式祠堂，見證了丁氏家族的繁榮與傳承。

宗祠門樓獨特，採用官式八字門樣式，一對石鼓雕刻着明代中早期流行的海螺潮湧圖案，古樸典雅。崇祠前有明末禮部尚書黃錦公贈的石刻對聯一副，聯曰：官紀太常瑪清風餘鳳水，續崇名宦千秋禋祀薦仙田。步入祠內，雕樑畫棟，古色古香，花鳥蟲魚栩栩如生，嵌瓷雕塑巧奪天工，金漆木雕更是精美絕倫，紅樑綠桷，氣派非凡。

歷經多次重修，丁宦大宗祠仍保持着明清時代的建築風貌，成為研究古代建築藝術和家族文化的寶貴資料。二十世紀八九十年代，海內外丁氏裔孫再次捐資修繕，使這座古祠堂煥發出新的生機與活力。

丁宦大宗祠不僅是丁氏家族的驕傲，更是潮州文化的重要組成部分，其獨特的建築風格和深厚的文化底蘊，對後世產生了深遠的影響。

1 | 3
2 | 4

1 馬志信 攝
2 馬志信 攝
3 蕭建誠 攝
4 譚 敬 攝

元明經應乙未科
一九九四年重立
廣東鄉試中式第一名舉人丁
歲進士任湖廣武昌通判丁良立

己略黃公祠

潮州市湘橋區義安路鐵巷

己略黃公祠建於清光緒十三年（1887 年），是一座二進祠堂，硬山頂式建築，現有建築面積 550 平方米。首進與後廳之間是天井，兩側有廊軒，後廳有抱廈，形成一個四廳相向格局的潮汕傳統特色的庭院式建築。這座祠堂規模雖不大，但集湖汕傳統建築藝術之大成，石雕、木雕、金漆畫、嵌瓷，無不應有盡有。

己略黃公祠是一座名副其實的潮州木雕藝術的殿堂。樑枋兩端飾以形象各異的龍、鳳、獅等祥瑞動物，樑枋、柱間的各種穿、插構件也無不成為雕刻大師們施展技藝的好地方。而戲曲傳奇、民間故事則是木雕創作的主要題材，如「銅雀台」「張羽煮海」「水漫金山」等，一些地方題材也在這裏得到體現，如「韓江景麗」。這些木雕裝飾，在技法上採取了圓雕、沉雕、浮雕、鏤空雕等不同手法，突破空間和時間的限制，形象地表現了多層次的複雜內容；在外形色彩上則充分運用了黑漆裝金、五彩裝金、本色素雕等三大類表現手法，使整座建築物輕重有別、層次分明，因而被譽稱為「潮州木雕一絕」。前來參觀的人們無不為它琳琅滿目、精美絕倫的金漆木雕裝飾歎為觀止。

1　馬志信　攝

己畧黃公祠

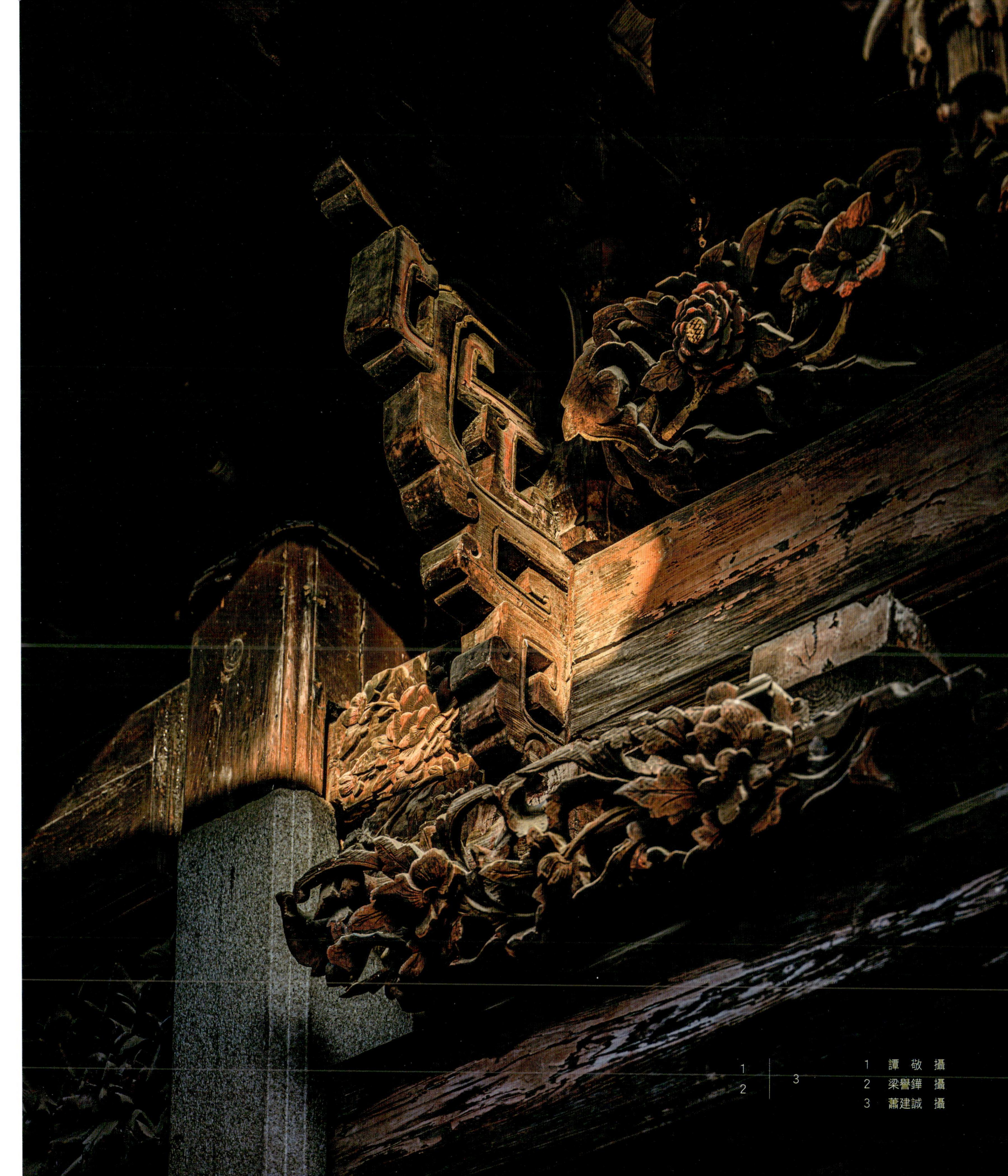

1 譚 敬 攝
2 梁譽鏵 攝
3 蕭建誠 攝

德安里

揭陽普寧市故城洪陽鎮南村

德安里，始建於清同治十年（1871 年），光緒十六年（1890 年）建成，是清末廣東水師提督、名將方耀與其兄弟共同營建的家族集居寨。它不僅是潮汕地區現存規模最大、保存最完整、歷史時期較長的巨型府第式建築組群，更是國內罕見的府第式古村落，堪稱建築藝術的一朵奇葩。

德安里的建築風格獨特，集潮汕民居建築之大全：大祠堂、三廳亙、五間過、四點金、下山虎、駟馬拖車、五壁聯、獨腳獅等。整個德安裏分「老寨」「中寨」「新寨」三部分，佔地面積 6.3 萬平方米，建築面積 3.2 萬平方米。寨內有客廳、祠堂、佛堂、書齋、臥室、餐廳、庫房、閣樓、門房等一應俱全，還有寨前廣場、後花園、蓮池等美景相襯，圍牆，圍牆外有護寨河環繞，構成一幅寧靜祥和的畫卷。

德安里還經常作為普寧英歌的表演場地，為遊客展示這一獨特的非物質文化遺產。普寧英歌是英歌文化的主要代表之一，入選了首批國家級非物質文化遺產名錄。在德安里進行英歌表演時，演員們手持英歌槌，隨着昂揚激進的鑼鼓聲邊跳邊舞，動作粗獷豪放，吶喊整齊雄渾，場面震撼。

1　黃榮生　攝
2　譚　敬　攝
3　蕭建誠　攝

郭氏大夫第

揭陽市揭西縣棉湖鎮

郭氏大夫第，建於清雍正年間至乾隆初年，據說歷時十四年。該樓坐西北向東南，主體為硬山頂建築，佔地總面積約 5300 平方米。座落中軸對稱，賓主分明，層面錯落有致，蔚為大觀，素有「潮汕民居古建築之最」的美譽。

樓寬 52 米，深 105 米，四條花巷，五落院堂，共有 100 間房，佈局嚴謹，巧妙融合了潮汕地區典型的「駟馬拖車、百鳥朝凰」格局，展現出獨特的建築魅力。大夫第中的郭氏大樓，是潮汕地區現存最大型的清初三合土大樓，牆厚 75 厘米，花崗石門框厚 1 米，為粵東所僅見。樓下設帶湖書齋，是清代著名學者邱玖華設教之所。這間學校開棉湖教育之先河，已有 200 多年的歷史，先後培育出一大批人才，曾有「道林百眾，書院千徒」之美譽。

郭氏大夫第不僅是一座建築，更是研究潮汕民居古建築歷史的珍貴實物資料，承載着深厚的歷史文化底蘊。

1 | 2

1 馬志信 攝
2 譚敬 攝

1 | 2

1 譚敬 攝
2 馬志信 攝

魏啟峰批局

揭陽市榕城區中山街道

魏啟峰批局，該建築南北兩端分別有南樓、北樓，大院為典型的「駟馬拖車」格局，主體為「三壁連」祠堂，一字型排列，巧妙融合了中西建築風格，展現出獨特的魅力。

據記載，該批局由魏啟和於 1912 年創立，是一家典型的家族式企業，歷經百年傳承，在五代人的努力下，國內外都建有批局分局，構建起一個以僑批為主，兼營土、特產的國際性經營網路。魏啟峰批局也是潮汕地區的著名批局之一，它承載着海外華僑的血汗與牽掛，為潮汕的僑批史上書留下了濃墨重彩的一筆。

抗戰勝利後，魏啟峰批局年僑匯總額躍升至潮汕僑匯總額的半數，成為「東興匯路」的重要一環。這條生命線在抗戰危亡時期，為運送軍需品、物資立下了赫赫戰功，連接東南亞與國內多地，全長達 3000 餘公里，為抗日戰爭、解放戰爭勝利作出了重大貢獻。

陳慈黌故居

汕頭市澄海區隆都鎮前美村

陳慈黌故居始建於清宣統二年（1910 年），耗時近 30 年，包括郎中第、壽康里、善居室和三廬書齋等宅第。該宅第以「駟馬拖車」為主體，糅合中西方建築藝術於一體，被譽為「嶺南第一僑宅」。

建築群總佔地面積約 25400 平方米，以傳統」從厝式」院落為本體，融合羅馬柱、彩玻窗等西洋裝飾，506 間廳房以複廊相連形成立體迷宮。其中以「善居室」規模最大也最具代表性。「善居室」由中間高大挺拔的宗祠「傳業堂」以及兩邊的四條巷子和雙層護屋及空中走廊相聯包抱而成，共九個院落，裏面複道聯廊，周閣相屬，排空接翠。

陳慈黌故居的中式、南洋和西洋相結合的美學風格究其根源來自於海洋文化所產生的影響。對研究建築史、華僑史、中西文化交流均具價值，是鏈接海外華僑的紐帶。

1　2　3

1　蕭建誠　攝
2　譚　敬　攝
3　蕭建誠　攝

紅宮紅場舊址紀念館

汕尾市海豐縣海城鎮

紅宮紅場舊址紀念館，總佔地面積約 24000 平方米。紅宮始建於明洪武十二年（1379 年），原為明代孔廟，面積約為 1850 平方米，紅宮雕樑畫棟，古香古色，具有鮮明的明代建築特色；紅場建於民國十六年（1927 年）底，面積約 2200 平方米，紅色大門配以浮凸線條花紋，門額上「紅場」二字為彭湃親筆題寫，彰顯革命精神。步入紅場，塔松蒼翠，彭湃烈士銅像巍然矗立，傳頌先輩事蹟，賡續愛國情懷。

紅宮紅場舊址，作為中國大革命時期海陸豐革命鬥爭的重要見證，承載着深厚的革命歷史和文化底蘊。這裏，中國第一個蘇維埃政權誕生，革命火種播撒四方。如今，紅宮紅場舊址紀念館不僅是緬懷先烈、傳承革命精神的聖地，更是文脈傳承、弘揚紅色文化的重要載體，激勵着後人不斷前行。

1 2 3 | 4

1 黃榮生 攝
2 黃榮生 攝
3 蕭建誠 攝
4 蕭建誠 攝

盧氏大宗祠

汕尾市陸豐縣大塘村

盧氏大宗祠，始建於明初，歷史悠久，文化底蘊深厚。祠堂大門口兩側對稱開有小門，配以木棒可閂，古樸而實用。仰望屋簷，瓦簷高聳，古色古香，展現出獨特的建築風格。屋頂梁簷上精雕細刻，獅子、魚、似魚似龍的動物等圖案惟妙惟肖，技藝高超，令人歎為觀止，彰顯出古代工匠的精湛技藝和無盡創意。

祠內珍藏豐富，一幅誥封匾和林則徐題寫的壁書熠熠生輝，古牌匾「文魁」「慈懷利濟」「光先海邑」「奕世重光」「詮選遺徽」等懸掛其間，彰顯盧氏家族之文風鼎盛與慈善為懷。祠堂內還珍藏有盧氏歷代名人之畫像與事蹟，如抗清志士盧鍛及其孫盧恩，他們的忠君愛民、清廉為官之事蹟感人至深。

盧氏大宗祠不僅是大塘村盧氏家族之象徵，更是研究明清時期閩南民居建築群與盧氏家族歷史之寶貴資料。其文化地位顯着，影響深遠，吸引着無數遊客前來瞻仰，緬懷先賢，感受盧氏家族之深厚文化底蘊。

1 | 2
3

1　蕭建誠　攝
2　蕭建誠　攝
3　蕭建誠　攝

時雍樓

汕尾市陸河縣昂塘村

時雍樓，乃清末富商葉康俊於清光緒三十一年（1905 年）斥鉅資興建。此樓由香港建築專家匠心設計，歷經 13 載春秋方得竣工，建築佔地約 1800 平方，主樓與附樓相映成趣。

時雍樓融合了客家與西方建築之精髓，外觀獨特，當地人親切的稱之為「洋樓」。其內部設計巧妙，窄小樓梯通道猶如天塹，防禦性能卓越，真可謂「一夫當關，萬夫莫開」。

此樓不僅建築風格獨特，更承載着深厚的歷史文化底蘊。它曾是海陸豐革命的重要據點，為人民的解放事業立下了不朽功勳。昂塘時雍樓見證了時代的變遷，是海陸豐地區乃至整個廣東省的文化瑰寶，對後世產生了深遠的影響，是研究客家文化與西方建築融合的重要實物資料。

1
2 | 3 4

1　蕭建誠　攝
2　陳顯耀　攝
3　蕭建誠　攝
4　蕭建誠　攝

全芝公祠

金芝公祠

湛江市遂溪縣烏塘村北邊

金芝公祠建於民國二十七年（1938 年），佔地面積約 600 平方米。原由祠堂、廣場、門樓三部分組成，祠堂在上，中間是廣場，前面是門樓，穿過門樓便是廣場，廣場寬敞、平坦，為歐氏子孫強身健體之地。廣場上面便主體建築——祠堂。祠堂左右各開有兩個大窗，全用玻璃做窗門；兩間副屋前面建有兩間書房，寓意深遠，表示子孫後代必須以書為貴，祖宗是書香世家，蔭護後代。

金芝公祠用料非常講究，所用木料全是優質杉木，全部經過鹹水浸泡，浸泡之後的杉木是不會有蟲蛀的；砌牆的灰是蠔殼燒出的，再加稻草灰，糯米飯混合而成，黏性特別強；批蕩內牆全用紙灰，用草紙打碎按一定比例加蠔殼灰、蔗糖等，經過椿、攪拌，這樣的漿堅固耐用，經久不變色。

1　詹卓乾　攝
2　邱　活　攝
3　詹卓乾　攝

1 | 2
3

1　張永林　攝
2　藍遠峰　攝
3　張永林　攝

鬱南大灣古建築群

雲浮市鬱南縣大灣鎮五星村、前進村

鬱南大灣古建築群，始建於清咸豐元年（1851 年）。大灣古建築群存在濃厚的廣府文化特色，民居從平面到空間、從整體佈局到建築用材以及工藝造型等都別具嶺南建築風格。大灣古建築群外部封閉，內部以縱橫巷道聯繫，中以天井作間隔方式採光。一般採用縱向三、五、七座排列，逐級升高台基，兩側分別各有一排和兩排廂房。其建造材料考究，木雕、浮雕、灰塑、壁畫、壁書和脊飾等工藝精湛，具有較高的藝術價值，為研究粵西地區的建築史和建築藝術提供了實物資料。

鬱南蘭寨

雲浮市鬱南縣連灘鎮北面

蘭寨這座鬱南縣連灘鎮的一顆瑰寶，更被專家譽為「南江文化之魂」，以其獨特的藝術魅力和深厚的文化底蘊，吸引着無數文人墨客與旅人的目光。其因蘭而得名，村內，古建築群錯落有致，青磚瓦木間流露出歲月的痕跡，壁畫、書法、雕塑等藝術元素交相輝映，展現出南江流域古建築藝術的較高水平。

蘭寨林氏族人十分注重道德品質與思想情操的修養，提升人的品格精神，林氏祖先擬訂的「十德」修身綱要和「林氏家訓」，其目的就是要培養子孫後代的思想品格。十德文化館、狀元進士館等文化場館，更是將蘭寨的崇文尚學之風展現得淋漓盡致。

蘭寨村所在的連灘鎮曾於 2000 年被原文化部命名為「中國民間藝術之鄉（山歌）」，當地擁有多項非物質文化遺產。其中，「禾樓舞」被列為國家級非物質文化遺產，「連灘山歌」「連灘飄色」「橫經席製作技藝」「張公廟會」被列為廣東省省級非物質文化遺產，「門畫眉」「手指畫」「南江婚俗」「張元勳傳說」被列為雲浮市市級非物質文化遺產名錄。

1 | 2 3

1　藍遠峰　攝
2　張永林　攝
3　藍遠峰　攝

1　藍遠峰　攝

彭家祠

清遠英德市黃花鎮城下村

彭家祠，坐落在高約 33 米的螺山上，既是當地彭姓族人過去為抵禦土匪滋擾而建的防禦型堡壘，又是祠堂，同時也是一個古建築山寨，鄉間稱之為「寨山古堡」。

該建築坐南向北，從山腳起建至山頂，共分三層建築群，只有北面一條平均寬 1.5 米、用石灰石打製成條鋪至頂層的石階路，其餘三面均是懸崖峭壁。首層建有房屋 5 棟，二層為書堂。彭家祠佈局巧妙，造工精巧，從山腳到山頂只有一條石階路可上，而且每層均只有一個小門可通往上一層。這座建在山上的防禦性建築目前在英德所發現的祠堂中是絕無僅有，對研究清遠市古建築的構造和如何防禦外來侵略及民俗文化有積極的作用和價值。

1 | 2

1 梁惠波 攝
2 隋 彪 攝

花萼樓

梅州市大埔縣大東鎮聯豐村

花萼樓，建於明萬曆三十六年（1608 年），距今近 400 年歷史。因圓形樓形似花萼，又取兄弟鄰居鄉村相愛之意，所以取名為「花萼樓」。花萼樓建築面積約 2300 平方米，屬土木結構的圓形建築。花萼樓是廣東土圍樓中規模最大、設計最精美、保存最完整的民居古建築，也是世界民居建築的一大奇觀。花萼樓設計精巧，結構獨特，顯示了客家人圓滿、團結、平均、平等的生活理念。

花萼樓祈福活動由來已久，每年年初祈福、年尾還福是村子裏年年不變的傳統。每年正月初三，村民們都會在花萼樓舉行「迎觀音」活動。

1 | 2

1 吳敬芳 攝
2 穆 亦 攝

繼善樓

梅州市梅縣雁洋鎮橋溪村

繼善樓，又稱繼善園。由旅印尼華僑朱琪源等兄弟五人於清光緒二十八年（1902 年）動工興建，民國三年（1914 年）落成，歷時 12 年，總耗資 12 萬大洋。繼善樓依山傍水而建，坐北向南，佔地面積 2680 平方米，共有 70 間房間。

繼善樓屬列杠式客家圍屋，七排橫屋由五個大門聯結而成。走進氣派堂皇的堂屋，只見娟秀的石柱托起粗壯的大樑，顯得高深空曠、氣勢軒昂。樑柱、斗拱、屏風和門窗都裝飾有或精美的動物雕刻或色彩斑斕的梅蘭菊竹等的花鳥圖畫，僅雕刻就有鏤空見彼的透雕、打磨圓滑的圓雕和深淺起伏的浮雕，繪畫形式不但有傳統的國畫，還有精美的工筆劃。雖已歷經百餘年之久，但色彩依然鮮豔奪目。

1 | 2
  | 3

1　張　明　攝
2　陳　瑜　攝
3　陳　瑜　攝

聯輝樓

梅州市梅江區城北鎮幹光村

聯輝樓，由華僑李炳章於民國十四年（1925 年）建成。東北角建有一座高出樓房 5 米以上的西式風格四方鐘樓，號「摘星樓」，又曰「摘星閣」，客家民居中有鐘樓者甚是稀少，這也是聯輝樓的獨特之處。聯輝樓採用週邊通廊、圓拱造型的開放式格式，整體幾何線條造型為主，建築風格中西合璧，在傳統中有其獨創性，又兼具近代西洋之風，對研究梅州客家中西合璧建築風格、客家傳統文化、華僑史都具有非常重要意義。

華僑李炳章曾輾轉於緬甸、印尼等地創業，聯輝樓這座矗立了近百年的華僑老屋，沉澱着老一輩華僑的奮鬥故事與人生軌跡，也是海外華僑對故鄉依戀不捨的印證。斑駁的外牆和褪色的木欄杆掩蓋不了這座房子昔日的輝煌。

1　2

1　秦宗良　攝
2　隋　彪　攝

德先樓

河源市紫金縣南嶺鎮瑞丘村

德先樓，是紫金縣客家民居的傑出代表。此樓建於清末，歷經三十餘載精心打造，方成今日之規模。如今，雖多數居民已移居港澳，但常有僑胞歸來，共敘鄉情，感受故鄉新貌。

德先樓佔地約 5000 平方米，樓內雕刻精美，花鳥、人物栩栩如生，保存完好。整座樓宇依山傍水，佈局獨特，造型雄偉，彰顯客家方形圍龍屋之獨特魅力，為粵東地區罕見的客家傳統民居。

德先樓不僅是一處建築，更是客家文化的瑰寶。其獨特的建築風格、精湛的雕刻技藝，無不展現出客家人民的智慧與才情。作為紫金縣的文化名片，德先樓吸引着無數遊客前來參觀，成為傳承和弘揚客家文化的重要載體。

1 | 2

1　隋　彪　攝
2　隋　彪　攝

力更生艱苦奮斗

「太邱家風」民居

河源市和平縣林寨鎮林寨

「太邱家風」民居，這顆鑲嵌在古村中的璀璨明珠，乃是陳東成先生（現任香港和平縣聯誼總會理事長、林寨同鄉會會長）的昔日府邸。其名或溯至東漢太丘令陳寔開創的家風體系，這個以「明理知義，德行為先」著稱的世家傳統，隨中原移民南遷在此生根。它傲然矗立，佔地約千平方米，坐北朝南。當我們漫步其中，那些雕工細膩的花草蟲魚與人物塑像，在磚石木雕間，演繹着古老智慧。

1　2　3

1　隋　彪　攝
2　秦宗良　攝
3　秦宗良　攝

寨子下四角樓

河源市東源縣黃村鎮下漆村

寨子下四角樓又稱「聚安樓」，依山傍水、氣勢恢宏。青山、綠水、小橋與老宅炊煙，構成了一幅獨具特色的客家民俗畫卷。四角樓佔地面積約 7000 平方米，外觀威嚴聳立，內部結構精美絕倫，設計獨特，佈局合理，結構完整，有普通客家民居的共同點，又與普通的客家民居迥然不同，可謂是客家民居建築上的一大傑作。

四角樓由亞華、廣隆兄弟攜手共建，廣隆遠赴南洋，歷盡艱辛，積攢家業；亞華則留守家鄉，主持建屋。兄弟二人齊心協力，終建成這座四角樓，為後人留下寶貴的建築遺產。

如今，四角樓已成為客家文化的重要載體，吸引着無數遊客前來瞻仰。亞華、廣隆的後人大多遷居河源市區、惠州和珠三角地區以及廣西、湖南、北京等地居住，而旅居港澳台地區以及印尼、越南、澳大利亞、新西蘭、美國等地的也不在少數，而亞華、廣隆「兄弟同心，其利斷金」的築夢人生，激勵着後人不斷前行。

1 | 2

1 葉慧茵 攝
2 吳敬芳 攝

家國為先

三　家國為先・崇源奉國

近現代以來，南粵大地一直站在歷史發展的潮頭。二十世紀下半葉，廣東更是承擔了新的歷史使命。沐浴着時代的勁風，以一種嶄新風貌屹立東方，為全世界所觸目。它的率先對外開放、它的工業化洶涌浪潮、它的大踏步前進的城市化進程，以及它在經濟大潮中的出色表現，都展現了一個新時代的巨大閃光點，代表着一種新的價值判斷，都是古老中國新發展格局的最早落筆描畫。

星羅棋布的文化聚焦，顯示着傳統與新生的合力，讓故園的歷史站位更為靠前，內涵更加飽滿，故事更為豐富。儘管日新月异，儘管萬象更新，故園依然身披歲月的慈祥，從容矗立，投我們的人生以永恒微笑。生活在此的人們沒有辜負這片肥沃的土地。故園情一如既往，在時代的變遷路上光彩奪目。

那些影響着歷史進程的衆多名人如群星閃耀。他們的故居，向後來人敘說着長短不一的歷史故事，傳遞、交接並弘揚對社會、對鄉土的款款深情。

遍佈南粵大地的一座座祠堂、祖屋、故居，依然保存着歷史人物的溫度，抒發着南粵大地衆多政治家、軍事家、藝術家、實業家敢於擔當的家國情懷。他們的壯志雄心和勇往直前精神，在這些建築裏可以找到升華的痕跡。那些名人紀念館，既詮釋着先輩留下的精神文化遺產，也表達了我們對祖先的無限崇敬之心。更有那些看似普通的人家，深含泥土的芬芳，無言托舉起社會的成長。

歷史一直前行。鄉土滿溢溫馨。故園情濃郁厚重，永無止境！

孙中山

珠三角

張勇軍 攝

紅線女故居

廣州市越秀區華僑新村友愛路

紅線女故居，這座米白色外牆、粉色屋簷的假三層洋樓，自 1957 年起便成為了紅線女藝術生涯中不可或缺的棲息地，直至她生命的最後一刻。

紅線女（1925 年—2013 年），這位粵劇界的璀璨明星，不僅是紅派藝術的開創者，更是將粵劇推向世界舞台的先驅。在舞台上，她以非凡的藝術才華，塑造了跨越時空、性格迥異的眾多女性形象，展現了粵劇藝術的無限魅力與深度。紅線女作為粵劇藝術大師，在粵港澳地區乃至海外華人中具有深遠影響，自 20 世紀 50 年代起，她頻繁在港澳地區演出，並在澳門回歸等重大事件中參與慶典表演，其藝術活動覆蓋粵港澳及海外華人聚居地，通過巡演、講學等形式推動粵劇成為連接三地情感的重要紐帶。她曾赴美國、加拿大、東南亞等地演出，將粵劇推廣至國際舞台，提升了粵港澳文化在全球華人社群中的影響力。

紅線女故居不僅僅是一座建築，它更是一座精神的豐碑，銘記着一位人民藝術家對粵劇藝術的執着追求與卓越貢獻。在這裏，我們可以感受到紅線女女士那份對藝術的熱愛與執着，也可以領略到她那份對人民、對社會的深厚情感與責任擔當。

1　2

1　廖麗珊　攝
2　廖麗珊　攝

霍氏大宗祠

廣州市番禺區石樓鎮練溪村

霍氏大宗祠系香港著名企業家霍英東先生祖祠，也是嶺南印象園內保留下來面積最大，且歷史最悠久的祠堂。霍氏大宗祠體現了古時練溪村的深厚文化、建築格調及結構造型，極富嶺南祖祠的傳統特色。磚雕、木雕、石雕、灰雕、古對聯等都顯示出其較高的建築藝術水準。

霍英東（1923 年—2006 年）是我國傑出的社會活動家，著名的愛國人士，香港知名實業家。他一生熱愛祖國、熱愛香港，為國家的發展及香港的長期繁榮穩定做了大量的工作和貢獻，為香港的社會進步和民生改善傾注了大量心血。他的成就與貢獻將永遠銘刻在歷史的長河中，激勵着後人不斷前行。

1 | 2

1　王孔生　攝
2　黃小軍　攝

凌道揚故居

深圳市龍崗區布吉街道老墟村

1 | 2

1 陳體根 攝
2 陳炳忠 攝

凌道揚故居，由凌道揚祖父凌啟蓮於 1902 年發起修建是典型的客家民居建築，堅固耐用的磚木結構，既體現了客家人務實求穩的生活哲學，又彰顯了建築工藝的精湛與考究。故居建有兩層，灰磚清水牆面的運用，不僅色彩質樸自然，與周圍環境和諧相融，更在歲月的洗禮下呈現出一種獨特的滄桑美感，讓人感受到時間的沉澱與歷史的厚重。

凌道揚（1888 年—1993 年），是 19 世紀末至 20 世紀中國傑出的林學家、農學家、教育家及水土保持專家，中國近代林業的開創者和奠基人之一。1955 年任香港崇基學院第二任院長，是香港中文大學的締造者之一。他的貢獻不僅體現在個人的學術和事業成就上，更在於他為中國近代林業事業所樹立的標杆和所留下的寶貴精神財富。其思想、理念和實踐為中國林業的現代化進程提供了重要借鑒和啟示，對中國乃至世界的林業發展產生了深遠影響。

黃飛鴻紀念館

佛山市禪城區祖廟之北

黃飛鴻紀念館佔地面積逾五千平方米。該館採用兩層兩進深三開間佈局，巧妙融合了清代鑊耳式建築風格，館內佈局精妙，設有陳列館、影視廳、演武廳及演武天井等多個功能區。陳列館不僅詳盡敘述了黃飛鴻的輝煌成就，還全面展示了近 70 年來圍繞黃飛鴻而產生的各種文藝作品以及上千件珍貴文物，讓訪客感受一代宗師的非凡魅力。

黃飛鴻紀念館嚴格遵循傳統民居的合院式建築規範，從精雕細琢的梁架、古樸典雅的柱礎，到細膩入微的磚雕、簷板、屏風，乃至門窗與欄板等每一處建築構件，均精選徵集舊料，力求原汁原味地保留歷史的風貌與韻味。

黃飛鴻（1856 年—1925 年）是我國清末民國武術家、中醫外科名醫、舞獅名家，洪拳大師。其在武術、中醫、舞獅等多個領域都取得了卓越的成就，為中華民族的文化傳承和發展做出了重要貢獻。他的精神品質和人格魅力也深深地影響了後人，成為了後人學習的楷模和榜樣。

1 | 2

1　王祖力　攝
2　隋　彪　攝

1 | 2

1 隋 彪 攝
2 吴錦榮 攝

康有為故居

佛山市南海區丹灶鎮蘇村

康有為故居是一座清代珠江三角洲的典型民居，建築面積約 80 平方米，屬三間兩廊屋，磚木結構的堅固與硬山頂轆灰筒瓦面的古樸，歷經歲月洗禮仍顯莊重典雅。正屋三開間設計，中央大廳寬敞明亮，廳前趟櫳與厚重木門，廳內高懸的大油燈，仿佛穿越時空的使者，默默講述着往昔的輝煌與滄桑。正屋前的天井與兩廊佈局，不僅滿足了傳統民居的通風採光需求，更在天井一側的門廊內供奉了門官土地神位，體現了古人對自然的敬畏與和諧共生的生活哲學。

康有為（1858 年—1927 年）是我國晚清到民國時期重要的政治家、思想家、教育家，資產階級改良主義的代表人物。他宣導維新變法，推動教育革新，為中國近代社會的轉型與發展做出了不可磨滅的貢獻。故居不僅是他生活與工作的場所，更是他思想形成與傳播的重要基地。這裏不僅是一座具有歷史價值的建築遺產，更是中華民族追求進步、勇於探索精神的象徵。

1 | 2 3

1　張勇軍　攝
2　張勇軍　攝
3　黃志強　攝

全国重点文物保护单位
康有为故居
中华人民共和国国务院1996年11月公布
广东省人民政府1998年9月立
温馨提示
开放时间
每周二至周日 9:00-17:00

光緒二十一年乙未科會試中式第五名貢士
保和殿殿試二甲第四十六名
賜進士出身
朝考二等
欽點工部主事
臣康有為恭承

李小龍故里

佛山市順德區均安鎮上村鄉

李小龍祖居位於均安鎮上村李氏崇祠附近。

這座典型的珠江三角洲地區磚木結構民居，雖佔地僅約 50 平方米，卻承載着一位武術巨擘的深厚根脈與不朽傳奇。該房是李小龍的祖父李震彪所建，一房一廳一廚一天井的簡約佈局，透露出李家兩代人的樸素生活哲學與堅韌不拔的精神風貌。客飯廳內，千餘字的生平簡介詳盡勾勒了他從香港走向世界，以非凡武藝與獨特魅力征服全球觀眾的輝煌歷程。牆上懸掛的七八幅電影劇照，靜靜訴說着李小龍如何在銀幕上塑造了無數令人難以忘懷的英雄形象，將中國功夫推向了前所未有的國際高度。尤為引人注目的是廳內陳列的木人樁與香案，它們不僅是李小龍日常練功的實物見證，更是截拳道這一革命性武術體系誕生與演進的象徵。

李小龍（1940 年一 1973 年），是我國著名功夫影星、武術技擊家、截拳道創始人、中國功夫的第一位全球推廣者。

1 | 2

1　黃志強　攝
2　黃志強　攝

劉氏大宗祠
沙溪傳萬古
橋水抱三灣
花好月圓姻緣
天長地久

葉劉淑儀祖屋

佛山市獅山鎮羅村街道白沙橋社區

葉劉淑儀祖屋，曾一度因歲月侵蝕而黯然失色。1999 年，在羅村鎮與白沙橋村兩級政府的規劃與資助下，祖屋得以修繕。修繕後的葉劉淑儀祖屋，既保留了古樸風貌，又體現了對歷史的尊重與傳承。

葉劉淑儀女士，1950 年出生。是香港特別行政區的前任高官，是香港首位女性保安局局長。2002 年榮獲香港特別行政區政府頒授的「金紫荊星章」，2021 年獲頒「大紫荊勳章」，這不僅是對她個人努力的肯定，也是對她長期致力於推動社會進步與發展的高度認可。作為海上絲綢之路協會聯席主席，她積極搭建國際交流平台，促進文化互鑒與經貿合作，為增進國際友誼與理解作出不可磨滅的貢獻。

葉劉淑儀祖屋與劉氏祠堂，不僅是家族記憶的承載，更是地方文化的堅守與傳承。它們見證了葉劉淑儀女士的卓越貢獻與非凡人生，激勵着更多人投身於公益事業，回饋社會。

1 | 2

1　吳錦榮　攝
2　黃志強　攝

葉氏宗祠
二〇〇九年仲秋重建
葉選平題
南陽綿世澤
儉德振家聲

葉問紀念館

佛山市南海區獅山鎮聯星村

葉問紀念館，一座承載着武術傳奇與歷史記憶的建築，佔地面積廣闊，約 800 平方米，分為祠堂與民居兩部分，後者更是匠心獨運，復刻了葉問先生昔日位於蓮花路的雅致居所「桑園」，完美再現了民國末期的建築風貌。整座紀念館採用傳統的二進式仿古建築風格，兩層樓高的設計既古樸又莊重。內部空間佈局合理，設有歷代先賢堂、思源堂、名人堂、練拳場等。民居灰色牆身、鑲嵌着色彩鮮快的滿洲窗，以及細膩雕琢的山花，陶塑與壁畫，煥發出中西合璧的嶺南風味。這些元素不僅彰顯了建築的藝術價值，更深刻體現了那個時代中西文化交融的歷史印記。

葉問（1893 年—1972 年）詠春拳體系的開宗立派人，他將詠春拳從隱秘傳授的方式，帶向了更廣闊的世界。其拳術具有鮮明的特色，注重實戰性和實用性，對後世的武術發展產生了深遠影響。他通過傳授武術，不僅培養了眾多武術人才，更弘揚了中華武術文化。讓更多的人瞭解和認識了中國武術的博大精深，增強了民族自豪感和文化自信。

1 | 2 3

1　穆　亦　攝
2　吳錦榮　攝
3　吳錦榮　攝

鄭裕彤祖屋

佛山市順德區倫教鎮

鄭裕彤祖屋，位於佛山市順德區倫教鎮大松坊。其家族先祖自河南滎陽輾轉南遷至順德。

昔日的大松坊只有房屋數間，鄭裕彤先生一家的祖屋便位處其中，名為「裕安堂」。「裕安堂」為鄭裕彤早年居所，由兩間青磚鑊耳屋構成，山牆呈馬蹄形，屋前設魚塘，內部保留傳統天井與廳房佈局，多房族人共居且有內部通道相連。兩間屋內住了幾房鄭氏兄弟，祖屋之間有內部通道，方便幾房人的日常走動，從血緣以至居住環境，幾房人之間有着緊密的關係，住在大松坊祖屋的這幾房鄭氏族人，可追溯至同一位先祖。

2002 年鄭氏兄弟對祖屋修繕時，在保留原建築形制的基礎上，採用青磚加固鑊耳牆等結構，並新建白色兩層小樓，形成新舊建築共存的格局。

鄭裕彤（1925—2016 年），香港特別行政區工商界知名企業家，中國香港新世界發展有限公司創始人、周大福珠寶集團前名譽主席，2008 年獲香港特別行政區政府頒授「大紫荊勳章」。他一生搏擊商海，書寫成功傳奇，享譽華人世界。他情繫家國、愛國愛港，率先投資內地，積極支持經濟和社會發展，慷慨捐助教育、衛生、賑災等公益事業，助力國家改革開放和現代化建設。

1 2 | 3

1 周大福珠寶集團歷史檔案館提供
2 吳錦榮 攝
3 張勇軍 攝

孫中山故居紀念館

中山市南朗鎮翠亨村

孫中山故居紀念館設有「孫中山展示區」「翠亨民居展示區」等七個展示區域，其中孫中山故居坐東向西，佔地 500 平方米，建築面積 340 平方米。這幢於清光緒十八年（1892 年）由孫中山先生親自主持修建的宅邸，是其兄長孫眉自檀香山資助的結晶。故居是一幢磚木結構、中西結合、獨具特色的兩層樓房，是中西建築藝術完美融合的典範。一道圍牆環繞庭院；樓房外立面仿西方建築，紅牆、白線、綠釉瓶式欄杆，上下層前廊施 7 個連續券拱。屋頂女兒牆正中飾有光環，下塑一隻口銜錢環的蝙蝠。步入其中，樓房內部設計則用中國傳統的建築形式，讓人在讚歎其外在之美的同時，也能深刻感受到中華傳統文化的博大精深。

孫中山（1866 年—1925 年）不僅是我國歷史上偉大的民族英雄和愛國主義者，更是中國民主革命的偉大先驅，在政治、社會和歷史等多個領域都產生了深遠的影響。毛澤東主席在《紀念孫中山先生》一文中，對孫中山的一生給予了極高的評價，稱其為「中國革命民主派的旗幟」，特別強調在辛亥革命時期，孫中山先生領導全國人民推翻了封建帝制，建立了中華民國的豐功偉績。這一成就也永載史冊，激勵着一代又一代中華兒女為國家的繁榮富強而努力奮鬥。

1 | 2 / 3

1 孔令宇 攝
2 黃志強 攝
3 黃志強 攝

全国重点文物保护单位
孙中山故居
中华人民共和国国务院
一九八六年十月十八日公布

1 | 2
1　黃志強　攝
2　吳錦榮　攝

馬公紀念堂
中山市对外宣传基地
中山市家风家教
实践基地
中山市南区街道
沙涌老年人协会

馬公紀念堂

中山市南區沙涌村

馬公紀念堂為先施公司創始人、民族工商業鉅子、愛國愛鄉華僑馬應彪先生的私宅，是中山華僑近代建築中建築面積最大的西洋建築私宅群，佔地面積約 11300 平方米，始建於 1923 年，1933 年建成。紀念堂坐北朝南，佈局精巧，中央聳立重簷八角亭，名曰「在明亭」。正中為仿義大利式羅馬穹頂的兩層建築「一元堂」，左側「南源堂」，三層英倫風鐘樓式建築；右側「婦兒院」，三層仿西班牙式建築，溫婉雅致。

馬應彪（1864 年—1944 年），被譽為中國現代百貨業先驅，其善行廣佈，尤重桑梓之情，是中山市近百年來在華僑、港澳同胞中第一位捐贈巨額款項支持家鄉建設的人。1918 年，他捐資在沙涌村首建人造公園、幼稚園及人工游泳池。更立下遺囑，確保捐贈專案永續發展，惠及後世。其一生致力於扶貧教育、醫療福利，捐建香山城世光女子高等小學、岐光醫院及中山市平民醫院，善舉在華僑與港澳同胞間傳頌不衰。

1 | 2 3

1　黃志強　攝
2　黃志強　攝
3　張勇軍　攝

1 | 2

1　張鑒來　攝
2　張鑒來　攝

沛勳堂

中山市南區竹秀園社區南大街

沛勳堂始建於 1932 年，是永安公司創辦人郭樂、郭泉、郭順等兄弟為紀念其父郭沛勳而建的。該建築為仿英式三層水泥混凝土框架結構，三樓頂加建鐘樓，面積約 510 平方米，整體風格獨特而典雅。該建築已列入《中國民居》一書。

1907 年，郭樂在香港創辦了永安百貨公司，這是中國近代最大的百貨公司之一，也是商業老字型大小。郭樂兄弟在事業成功的同時，也不忘回饋社會，積極支持僑胞事業，為僑胞提供存款、匯款等金融服務，並代辦出入口證和解決食宿等問題。郭氏兄弟還積極參與慈善事業，捐資修建學校、醫院等公共設施，為家鄉和社會的發展做出了重大貢獻。

沛勳堂不僅是郭氏家族紀念先人的重要場所，也是中山市乃至廣東省內具有代表性的華僑建築之一。它見證了郭氏家族從艱苦創業到輝煌成就的歷程，也反映了民國時期華僑對家鄉的深厚情感和貢獻。

鄭觀應故居

中山市三鄉鎮雍陌村

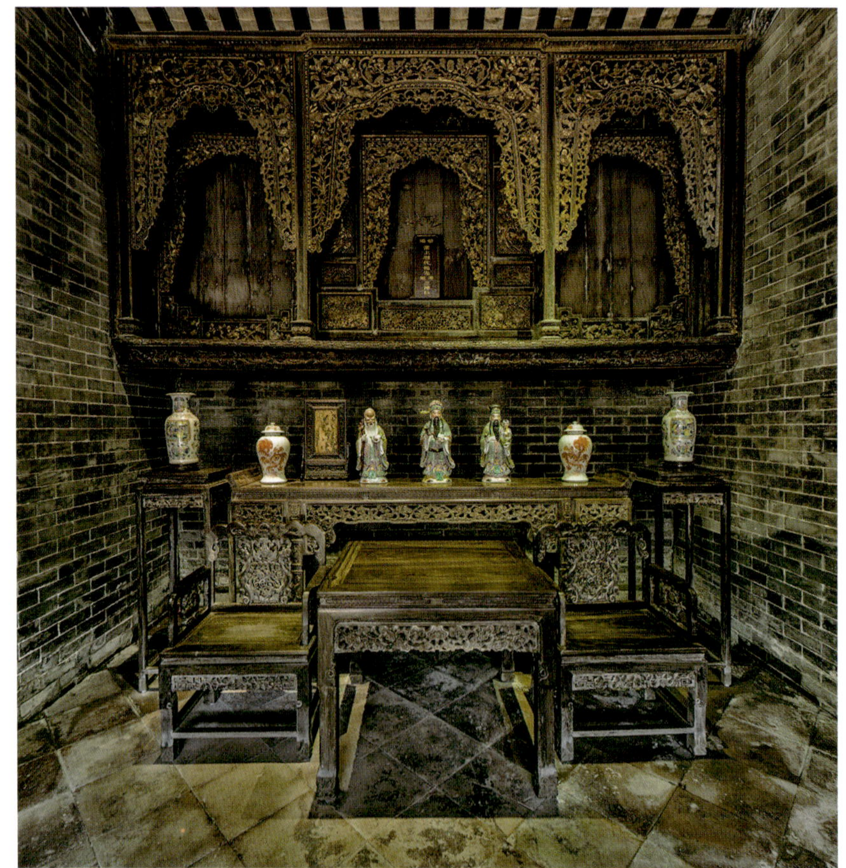

鄭觀應故居始建於 1903 年，是鄭觀應的出生地及成長地，也是他與其兄弟深厚情誼的見證。故居坐北朝南，巧妙融合了嶺南建築特色，院落式佈局古樸典雅，主座為二進三開間，佔地約 300 平方米。2008 年，政府有關部門對其進行修繕，既保留了歷史的痕跡，又煥發出現代的風采。

鄭觀應（1842 年—1921 年）是中國近代具有完整維新思想的理論家、實業家、教育家、文學家和慈善家。他親身經歷了中國近代的劇變，並積極投身時代浪潮，辦工商實業求富圖強，著《盛世危言》疾呼改良圖強。他的成就不僅在於個人輝煌，更在於為後世留下的精神財富。他的思想與實踐在中國近代史上留下深刻印記，激勵着一代又一代中國人不斷前行，為實現中華民族的偉大復興而不懈努力。

1 2 | 3

1 黃志強 攝
2 黃志強 攝
3 黃志強 攝

广东省文物保护单位
郑观应故居
广东省人民政府二〇〇八年十一月十八日公布
中山市人民政府二〇〇九年八月十八日　立

陳芳家宅

珠海市香洲區鳳山街道梅溪社區

清朝駐夏威夷首任商董陳芳的故居靜靜佇立，訴說着往昔的輝煌與傳奇。其始建於清末至民初，將陳芳故居、梅溪牌坊、家族墓園以及祠堂廟宇巧妙融合，總佔地面積約 12.6 萬平方米。陳芳故居，一座由故居門前、屋巷鋪設石板、磚塊，種植白玉蘭、九里香等花木，周圍築磚牆，東西兩角設置哨樓組成的中西合璧的莊園式建築群，主要包括花廳、洋房、家丁樓和陳公祠等，建築面積約 2495 平方米，每一處都透露着不凡的氣度與匠心獨運。

陳芳（1825 年—1906 年），清朝駐夏威夷第一任商董。其父親、伯父經商澳門、香港，家境頗富。離家到香港、澳門等地經過多年拚搏，他擁有了一隻往返於香港與檀香山之間的私人貨船。至 1880 年，陳芳個人資產已超過一百萬美元，在當地華僑中名列第一，被譽為「商界王子」。然而，這位商界巨擘並未忘記自己的根，他熱心公益事業，用實際行動回饋桑梓。光緒皇帝賜予其「急公好義」牌坊，以表彰其高尚品德，這牌坊，便是今日我們所見的「梅溪牌坊」，它不僅見證了陳芳的義舉，更成為了連接過去與未來的橋樑，讓後人銘記這位傳奇人物的突出貢獻。

1 | 2 3

1 黃志強 攝
2 黃志強 攝
3 黃志強 攝

共樂園

珠海市唐家灣北麓鵝峰山下

珠海市不僅有自然與人文交織的綺麗畫卷，還有清末民初傑出政治活動家、外交家唐紹儀的私人花園——共樂園。共樂園始建於 1910 年，曾取名「小玲瓏山館」，宛如一顆精巧的珍珠，鑲嵌於翠綠之間，寓意着主人對精緻生活的追求與嚮往。1921 年擴建時改名「共樂園」，寓意着與民同樂、共用自然之美的高尚情懷。作為唐紹儀先生留給後人的寶貴遺產，不僅見證了他對美好生活的追求與創造，更承載了他對家鄉、對人民的深情厚誼。1932 年，他慷慨地將這片樂園贈予唐家村，讓村民們得以休憩娛樂，享受自然與文化的雙重滋養。1982 年擴建時再改名為「唐家灣公園」。主要建築物有觀星閣、田園別墅、石門坊、六柱亭等，石門坊門額上「共樂園」三個字是唐紹儀手跡。

唐紹儀（1862 年—1938 年）清末民初政治活動家、外交家。他以非凡的智慧與膽識，在國際舞台上長袖善舞，為國家爭取利益；作為外交家，他更是以卓越的外交手腕，為國家的外交事業添磚加瓦，書寫了屬於中華民族的輝煌篇章。

1 | 2

1 吳錦榮 攝
2 林添福 攝

共樂園
知者樂水仁者樂山
百年樹人十年樹木
山路危险
注意安全

甄賢社學舊址

珠海市香洲區南屏鎮南屏村

甄賢社學舊址始建於清代同治十年（1871 年），由愛國華僑容閎帶頭捐款 500 兩白銀倡辦，是中國最早的僑校、也是廣東省最早的民間學校之一。1906 年，正式改名為甄賢學校，容閎的學生容星橋為第一任校長，容閎為名譽校長。甄賢學校現由兩部分組成，原址部分保存完好，青磚瓦舍的學堂古風猶存。這座學校校風良好，桃李滿天下，走出了許多科學家、醫學家、革命者。中國第一個世界冠軍容國團也是甄賢學校的學生。2008 年被列為省級文物保護單位，經過修繕和改建，現已成為容閎博物館。

容閎（1828 年—1912 年）是中國近代著名的教育家、外交家和社會活動家。作為中國近代史上最早的留學生，他不僅是個人的榮耀，更是中國留學生事業的拓荒者，為中國打開了通往世界的大門，引領了一代又一代青年才俊走出國門，尋求救國圖強的真理。容閎的一生順乎歷史潮流，與時俱進，為西學東漸、富強國家而不懈奮鬥，為中國近代化作出了巨大的貢獻。

1　黃志強　攝

甄賢學校
珠海市文物保护单位
甄賢學校
珠海市人民政府
中国留学生之父
容闳
(yung wing)
1828.11.17 — 1912.4.21

陳白沙紀念館

江門市蓬江區白沙大道西

陳白沙紀念館是一座以保護明代古建築群為主體的庭院式歷史名人紀念館。該館以建於明代的白沙祠和木石牌樓為主軸，正前方是白沙先生銅像廣場和陳白沙紀念館的新建牌樓。白沙祠前的東西兩側，建有書畫廊和碑廊，展示着陳白沙的藝術造詣與思想精髓。此外，還有懷沙亭、講學亭、文獻亭、嘉會樓、荷花池、泮池等園林式建築。在白沙祠的東側，是其事蹟陳列室的三個展區，常年展出陳白沙的事蹟及墨寶等名片，每一件展品都是陳白沙智慧與才華的見證。陳白沙紀念館不僅是一座保護歷史文化遺產的殿堂，更是傳承與弘揚陳白沙精神的重要基地，每一處細節都透露着對陳白沙個人成就的崇高敬意。

陳獻章（1428 年—1500 年）又稱白沙先生，是我國明代中期著名思想家、哲學家、教育家、書法家、詩人，也是廣東唯一一位從祀孔廟的大儒，是明代心學的奠基者，提出了「天地我立，萬化我出，宇宙在我」的心學原理，並開創了「江門學派」。

1 | 2
  | 3

1 黃志強 攝
2 黃志強 攝
3 黃志強 攝

智識府庫

景堂圖書館

江門市新會區仁壽路

景堂圖書館始建於 1922 年，由旅港鄉賢、愛國華僑馮平山先生全額捐資興辦，為紀念其父馮景堂先生而命名。1925 年館舍落成，其分前後兩座，前座兩層，後座三層，1250 平方米的空間內，藏書萬卷。西式建築的典雅與東方文化的韻味交織鑄就了這方知識的聖殿。

自 1988 年起，馮秉芬先生承父志，多次捐資，不僅讓舊館煥發新生，更添置先進設施，擴建新館舍，讓這份文化之光更加璀璨奪目。如今，景堂圖書館不僅是國家一級公共圖書館，更是廣東省古籍重點保護單位。另外，它是莘莘學子求知若渴的殿堂，更是連接海內外遊子心靈的橋樑，每一磚一瓦都鐫刻着僑鄉文化的深厚底蘊，吸引着無數文人墨客與遠方來客駐足流連，共賞這份跨越時空的文化瑰寶。

1 | 2 3

1 黃志強 攝
2 吳錦榮 攝
3 林添福 攝

李家成故居

廣東省江門市鶴山市古勞鎮古勞水鄉

李家成故居，屬於典型清代古建築，由八座磚木結構平房組成的院落，是由旅港富商李石朋的父親李家成（1808—1868 年）於清末時期所建，佔地面積 2400 平方米，當地人俗稱為「八座」，其中有七座為住宅，另外一座為書廳，都是為大小佈局相同的三間兩廓平房，且各自獨立，整齊地分為兩排。故居的每座屋脊、屋簷都是以博古和灰雕作為裝飾，具有南方民居傳統特色，現存尚好。擁有百年歷史的李家成故居是鶴山市文物保護單位，現為古勞水鄉旅遊資源。

李石朋，著名企業家。少時赴港，白手起家，從經營船運到經營大米，從地產到金融，在 20 世紀初成為香港富甲一方的華商。李石朋及其家族後輩心繫家國，長期在家鄉樂善好施，捐資辦學，嘉惠桑梓。

1 | 2

1　穆　亦　攝
2　吳錦榮　攝

梁啟超故居

江門市新會區會城街道茶坑村

梁啟超故居建於 1875—1908 年，建築面積 412 平方米，是梁啟超先生童年接受啟蒙教育和少年時期成長生活的地方，還是其思想光芒初綻之地，更是其思想與文化傳承的聖地。這裏由故居、怡堂書室組成，故居有一廚房、一門樓、兩天井、一飯廳、一正廳、兩耳房，門樓側有梯級直達其頂部的藏書閣；怡堂書室由梁啟超曾祖父所建，是梁啟超少年讀書、接受儒家傳統教育的地方。

梁啟超（1873 年—1929 年）是中國近代思想家、政治家、教育家、史學家、文學家，戊戌變法（百日維新）領袖之一。被公認為是清末優秀的學者。這位跨越時代的巨擘，不僅在戊戌變法中勇立潮頭，更在學術領域深耕廣耘，成為中國歷史上一位百科全書式人物，而且是一位能在退出政治舞台後仍在學術研究上取得巨大成就的人物，他在哲學、文學、史學、經學、法學、倫理學、宗教學等領域，均有建樹，以史學研究成績最顯著。

1 | 3
2 | 4

1　林添福　攝
2　黃志強　攝
3　陳立武　攝
4　張勇軍　攝

司徒美堂故居

江門市開平市赤坎鎮中股村牛路里

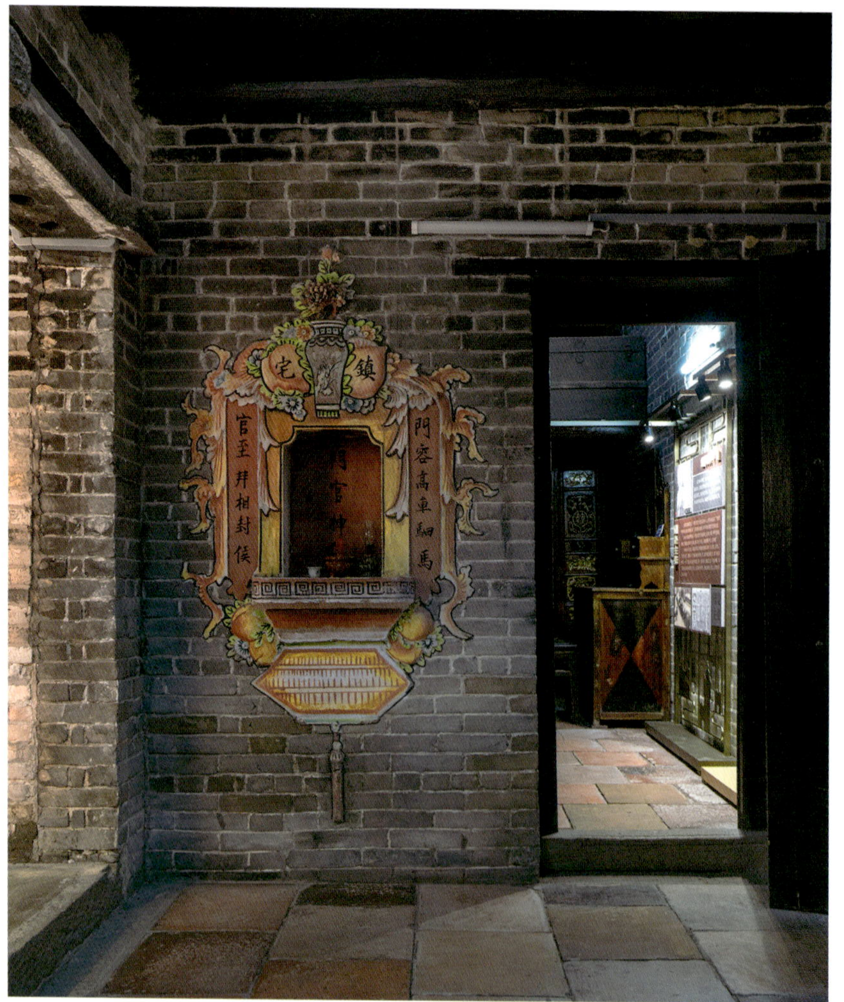

司徒美堂故居建於清末，建築面積約 87 平方米。故居坐東北向西南，是一座三廊二房一廳典型南方民居，青磚牆、瓦頂建築，磚木結構，右側前面附有下廊。其居室、房間按主人過去生活原樣佈置，東廂房辟作美堂先生遺物收藏室；廳堂西邊牆上懸掛着美堂先生的遺照，與家屬、同事朋友的生活照，以及毛澤東主席致美堂先生的親筆信真跡等文字資料。現該建築已是新時代重要的愛國主義教育基地和統一戰線工作教育基地，激勵着後人不斷前行。

司徒美堂（1868 年—1955 年）是我國著名的美洲華僑領袖、旅美僑領、中國致公黨卓越的創始人之一。他一生致力於愛國事業，為團結海外僑胞、祖國和平統一大業、建國初期的恢復建設作出了重要貢獻，被譽為「愛國旗幟、華僑楷模」，是海外愛國華僑的光輝典範。

1
2
3

1　吳錦榮　攝
2　吳錦榮　攝
3　吳錦榮　攝

黎雄才故居

肇慶市高要區白土鎮坑尾村

黎雄才故居坐北向南，始建清代，為磚木結構的三間兩廊合院式建築，佔地近 200 平方米。據村中老人說，黎雄才祖祖輩輩都在這裏生活，直到他三四歲時，一家人才搬離祖屋。

黎雄才（1910 年—2001 年）作為我國當代國畫藝術領域的傑出代表和嶺南畫派的重要人物，其藝術成就與貢獻深遠而廣泛。他以山水畫聞名於世，早年深受高劍父等前輩的影響，但並未止步於模仿，而是勇於探索，將傳統技法與現代審美相結合，融匯古今，形成了自己獨特的藝術風格，展現了藝術家深邃的藝術造詣和獨特的審美追求。除了藝術上的卓越成就，他還是一位卓有建樹的美術教育家，致力於培養新一代的藝術人才，將自己的藝術理念和創作經驗無私地傳授給後人，為嶺南畫派乃至整個中國畫壇的繁榮發展做出了重要貢獻。

1 | 2 3

1 藍遠峰 攝
2 張永林 攝
3 藍遠峰 攝

鄧承修故居

惠州市惠陽區淡水街道紅星社區

鄧承修故居雅稱「壺園」，建於清光緒初年（1875 年），為仿北京四合院佈局，展現出一種別樣的古典韻味。整體呈長方形，由兩棟房屋、迴廊和庭院組成。屋內裝飾、木雕、彩畫都採用客家民居傳統工藝，是惠州市保留最為完整的一座歷史名人故居。壺園不僅是鄧承修生活過的空間，更是其精神與品格的見證，靜靜訴說着那段不凡的歷史篇章。

鄧承修（1841 年—1892 年）是我國清代舉人，歷任刑部郎中、浙江道、江南道、雲南道監察御史、鴻臚寺卿、總理各國事務衙門大臣。鄧承修一生剛直不阿，不畏權貴，愛國愛鄉 ，熱心教育。晚年辭官回鄉後，致力於發展家鄉教育事業。光緒十五年（1889 年），他在淡水創辦崇雅書院（今崇雅中學），親任山長，為鄉梓育教人才。革命志士鄭士良、鄧仲元、鄧演達、葉挺等皆曾就讀於崇雅書院。

1 | 2
  | 3

1　陳體根　攝
2　羅志明　攝
3　羅志明　攝

粵東 粵西 粵北

吴敬芳 攝

陳弼臣故居

汕頭市潮南區峽山社區

陳弼臣故居是陳弼臣在抗戰勝利後回歸故里時，為改善家人居住環境出錢興建的僑宅，落成時間是 1948 年。「陳弼臣故居」呈「雙背劍」格局，巧妙融合了傳統與創新，展現出中西合璧的建築美學。主座是一座「四點金」潮汕民居建築，此外有兩條子孫巷、以及一座雙層、具有西洋風格的庫樓。主座大門刻有「潁川世家」，前廳有「積厚流光」匾額，後廳是祠堂，懸掛陳弼臣及元配劉桂英的畫像，仿佛在訴說着他們一生的傳奇與貢獻。

陳弼臣（1910 年—1988 年）是泰國盤谷銀行的創辦人、世界華商大會代表。他為增進中國和泰國社會的團結和促進中泰兩國人民的友誼和兩國經濟貿易關係的發展作出了重大貢獻。其後代雖然都出生在泰國，卻始終銘記自己的根在中國，以身為華人後裔而自豪，這無疑是陳弼臣先生家國情懷的最好延續與傳承。

1 | 2 3

1 譚 敬 攝
2 黃榮生 攝
3 黃榮生 攝

系出潁川綿延世澤宏運啓文

秦牧故居
吴南生書
秦牧先生诞辰104周年纪念

秦牧故居

汕頭市澄海區東裏鎮觀一村

秦牧故居始建於清光緒三十三年（1907 年），坐西北向東南，佔地面積約 400 平方米，主座「四點金」帶右側從厝，牆體及牆基夯築貝灰砂土，平面呈典型的潮汕傳統民居「單邊厝」建築。簡陋的閣樓、樸素的書齋，見證了秦牧博覽群書、勤奮不輟的求知歲月。這裏作為他文學夢想的啟航地，對於研究其生平及創作歷程，具有不可估量的價值。

秦牧（1919 年—1992 年）是我國著名作家、兒童文學家。其出生於香港，十三歲跟隨父親回內地，在此度過了難忘的時光。秦牧孜孜不倦地在文學沃土上勤奮耕耘，他把個人的文學創作與中國社會的發展緊密地結合在一起，發表和出版了大批散文、小說、戲劇、詩歌等作品和文學論著。他的作品題材豐富、形式多樣、生動感人，充滿了時代精神。他的散文作品風格獨樹一幟，被譽為「散文一絕」。

1 | 2 3

1　譚　敬　攝
2　蕭建誠　攝
3　黃榮生　攝

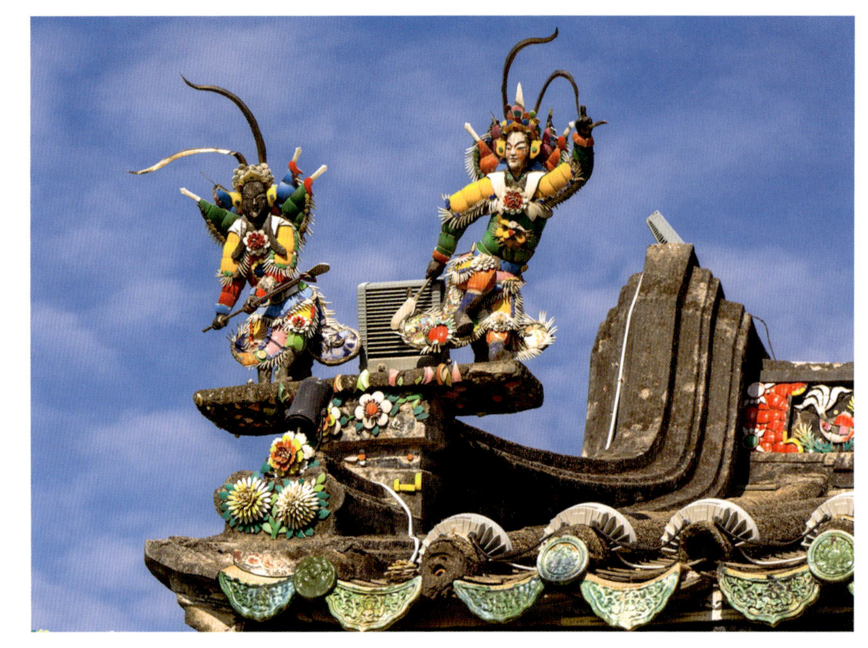

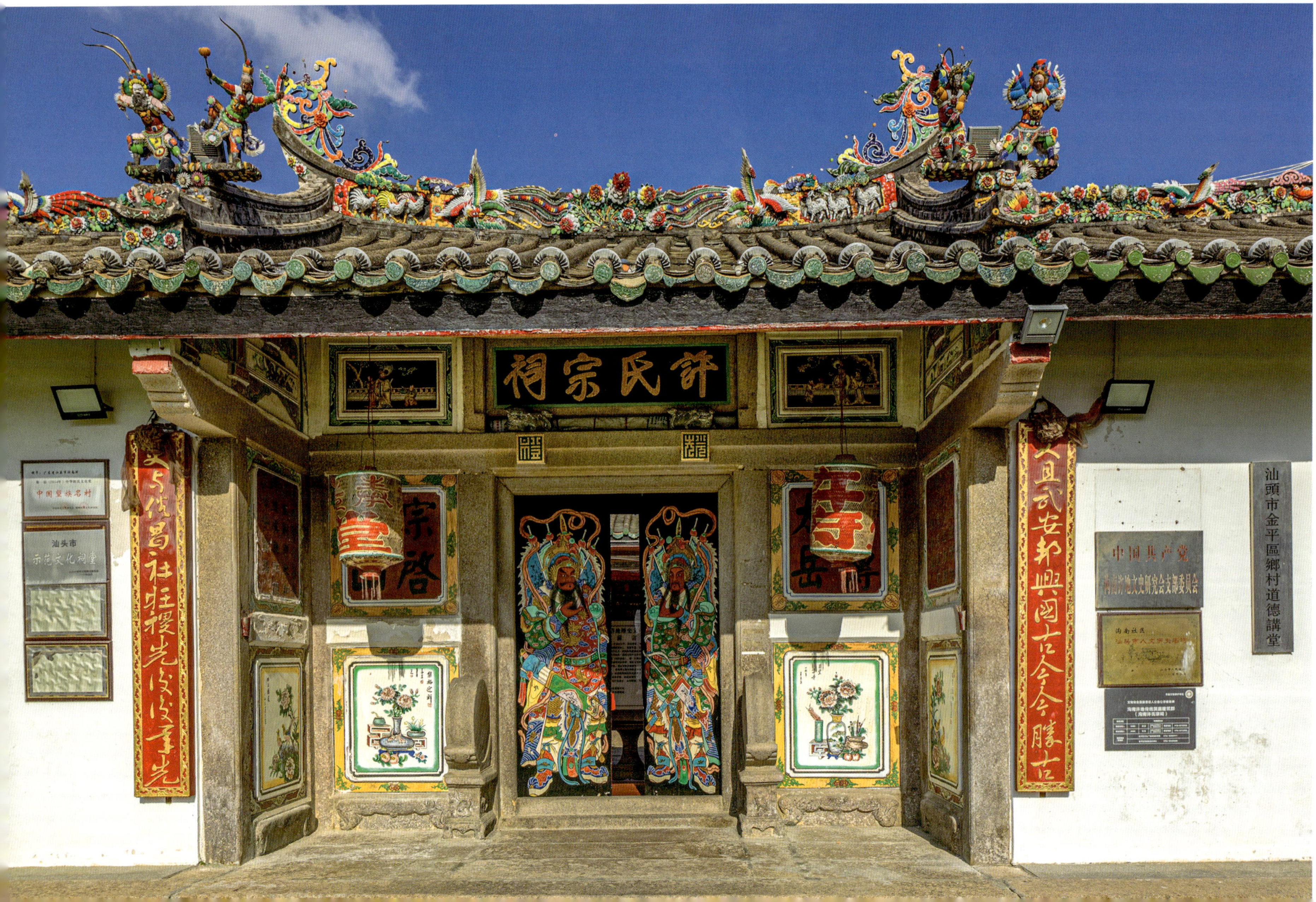
許民宗祠
汕頭市金平區鄉村道德講堂
中国共产党
汕头市

許氏宗祠

汕頭市金平區月浦街道溝南村

1 陳顯耀　攝
2 黃榮生　攝
3 蕭建誠　攝

許氏宗祠始建於清乾隆二十五年，重修於 1978 年，按照潮汕傳統民居「四點金」模式修建，有嵌瓷、浮雕、木雕、石雕等建築裝飾，佔地面積 1068 平方米，是粵東地區許氏子孫共祭祖先之地。門前立有 24 道象徵古代功名的旗杆夾石，記載許氏子孫中舉立功、加官進爵的榮耀和勤學孝親的傳世美德。

如今，許氏宗祠已成為溝南許地歷史文化展覽館，一個承載着家族記憶與文化傳承的重要場所。展示着歷代許氏驕傲的先人相片、畫像和介紹，講述着許家歷代英豪的故事以及所做的貢獻。從清代高官許應騤的仕途輝煌，到清末抗英英雄許祥光的英勇無畏；從治理黃河的功臣許暐炳，到辛亥革命中的許氏三傑——許崇智、許崇灝、許崇濟的赫赫戰功；再到紅軍幹部許卓的堅韌不拔，以及文學家魯迅伴侶許廣平的溫婉才情，每一位許氏英傑的名字都閃耀着時代的光芒，讓溝南村這片小小的土地，因之而名揚四海，熠熠生輝。

陳復禮故居

潮州市湘橋區石湖村

陳復禮故居建於 1925 年。該建築是三進兩天井中西結合的制式，兩側有對稱的廂房。二進正門外框貼着一圈瓷磚，是民國時期的進口貨，品質上乘，至今仍然色彩鮮豔。門牆上的壁刻保存也較為完好。廂房也有三進，第一進是偏廳，配搭羅馬柱、半圓門楣等歐式裝飾，第二進的門框同樣貼着洋瓷磚，還有各式各樣的壁刻，第三進是後樓，雙層結構，八角形門框頗為別致。在這裏，人們可以感受到陳復禮先生對藝術的執着追求與不懈努力，以及他對於中西文化融合的深刻理解與獨到見解。

陳復禮（1916 年—2018 年）是中國著名攝影家，歷任全國文聯委員、中國攝影家協會副主席、顧問，世界華人攝影學會名譽會長、香港中華攝影學會永遠名譽會長。他的一生致力於攝影藝術的探索與創新，用鏡頭捕捉世界的美好與真諦，留下了無數令人震撼的作品。

1 | 2 3

1 譚 敬 攝
2 譚 敬 攝
3 馬志信 攝

陳偉南祖屋

潮州市沙溪鎮沙二村

陳偉南祖屋始建於清光緒年間，2006 年重修，坐北向南，二進四從厝格局，佔地面積 3018 平方米。陳偉南在這裏出生，18 歲赴港，香港淪陷後回家務農，抗戰勝利後再度赴港創業。

陳偉南（1919—2023 年）是我國愛國實業家，曾獲中國香港政府頒授「銅紫荊星章」，其成就不僅僅局限於商業領域，他更是以一顆赤子之心回饋社會，積極投身於公益事業。他生前捐助香港多所大學，不僅推動了教育事業的發展，還致力於推廣潮汕文化，讓這份獨特的文化瑰寶得以傳承與發揚。同時，特別注重人才培養，為家鄉乃至整個國家的繁榮發展貢獻了自己的力量。

1 | 2
  | 3

1　蕭建誠　攝
2　陳顯耀　攝
3　黃榮生　攝

五福常臨吉慶家

1　蕭建誠　攝

饒宗頤故居

潮州市湘橋區下東平路

饒宗頤故居又名「松廬」，始建於 20 世紀三十年代，佔地面積約 1000 平方米。松廬是饒宗頤之父饒鍔所建，初名「蒓園」，這裏曾經是饒宗頤先生幼兒到少年讀書的地方。松廬的建築風格是在潮州傳統建築的基礎上，融合了西洋建築和蘇州園林特色，集居住、收藏、園林為一體，既有潮州古宅的沉穩大氣，又不失西洋建築的開放與通透。重修後的松廬，作為名人故居對外開放，不僅保留了原有的建築風貌，更精心佈置了饒宗頤先生少時讀書的場所——天嘯樓，天嘯樓裏面擺有書桌、書架、文房四寶和各類書籍，再現饒宗頤兒時讀書場景，讓人瞬間穿越回那個書香四溢的年代。

饒宗頤（1917 年—2018 年）是我國著名的漢學家、經學家、考古學家、古文字學家、翻譯家、文學家、書畫家。他以其淵博的學識、卓越的成就和不懈的追求，贏得了國內外學界的廣泛讚譽與尊敬。他長期致力於中華文化的傳播和推廣，積極推動學術創新，領「東學西漸」風氣之先。他的學術成就和人格魅力對海內外學術界和文化界產生了深遠的影響。

1 | 2 3

1　馬志信　攝
2　陳顯耀　攝
3　馬志信　攝

1 | 2

1　穆亦　攝
2　陳顯耀　攝

黃旭華故居

揭陽市揭東區新寮村

黃旭華故居，又名「崇德堂」，為潮汕祠堂配套廂房建築，佔地面積約 4300 平方米，其中建築面積約 2200 平方米，陳列面積約 2000 平方米，內設黃旭華院士成就展廳，黃旭華院士臥室、傢俱、農具室各一間及故居管理處，在修建中的有黃旭華院士書院、書齋路及書院廣場的配套。黃旭華院士少年時就讀聿懷中學，假期都在新寮村祖屋生活、學習。

黃旭華（1926 年—2025 年），是我國核動力潛艇專家，中國工程院院士，共和國勳章獲得者，國家最高科學技術獎獲得者。他在面對核潛艇研製過程中的重重困難時，始終保持着堅定的信念和勇往直前的精神。曾親自參與極限深潛試驗，確保試驗的成功。其在科研事業取得輝煌成就的同時，也不忘為共和國培養更多的人才，積極參與教育事業和科普工作，為培養新一代科技人才貢獻了自己的力量。

1 | 2 3

1　譚　敬　攝
2　馬志信　攝
3　馬志信　攝

連登樓

揭陽市惠來縣城

連登樓建於民國二十六年（1937 年），由愛國華僑林連登先生所捐建，是惠來一中這所百年名校的標誌性建築。在惠來縣第一中學沿着石板路，邁過三山門高高的門檻，穿過泮池之上拱形的小橋，一座簡樸的兩層建築便呈現在眼前，這就是惠來縣第一中學的標誌性建築——連登樓。抗日戰爭時期，中共惠來地下黨組織負責人吳建民，發動學生組織惠來中學銀河劇社，以「連登樓」為基地，以話劇為武器，開展抗日救亡宣傳活動，激蕩起無數人心中的愛國波瀾，成為那段崢嶸歲月中的動人篇章。

19 世紀末到 20 世紀初，移民到馬來西亞的林連登在多次創業失敗的經歷中汲取經驗，終成馬來西亞一代橡膠鉅子、擁有三億馬來幣資產的華僑實業家。古稀之年的林連登返鄉創辦連通築路行車公司，對潮陽、普寧、惠來諸縣發展公路交通事業起到了巨大的促進作用。投身慈善事業的他為韓江中、小學，為華文教育事業奉獻了一輩子，受到後代華人的敬仰。

1 2 | 3

1 楊宏鎮 攝
2 譚 敬 攝
3 黃榮生 攝

植豐園

揭陽市揭西縣新園村

植豐園是民國時期香港金融企業家和教育家林子豐的故居，於 1920 年由林子豐創建，園名取林子豐及夫人陳植亭之名合而為「植豐園」。其主體建築類似潮汕地區「四點金」傳統格局，瓦面飛簷，儼然中國氣派。但半圓形的門樓，廳堂直通高敞，還有水泥樑架、內部門窗、灰塑紋飾，甚至房間的奇特編號等，則取法於西式的建築。這種中西建築的交融，磚木和水泥結構的結合，潮汕古建築和近現代新

建築的相互滲透，住房建築和園林建築的相映生輝，構成了一個完美的建築傑作。為我們研究 20 世紀初潮汕建築轉型提供了實物例證。

1 | 2 3

1　陳顯耀　攝
2　黃禮祥　攝
3　陳顯耀　攝

林子豐（1892 年—1971 年）博士，中國香港商人和教育家。他自己的實際行動詮釋着「取之於社會，回饋於社會」的崇高理念。在教育領域，他深知教育對於國家與民族未來的重要性，因此不遺餘力地支持教育事業的發展，為培養更多優秀人才貢獻了自己的力量。此外，他還積極參與各種社會公益活動，關注弱勢群體。他的一生，不僅是個人奮鬥與成功的傳奇故事，更是對社會責任與擔當的深刻詮釋與踐行。

黎民偉舊居

湛江市赤坎區民族路和民權路之間

1 肖光洲 攝
2 藍遠峰 攝

黎民偉舊居是有一幢橫跨兩街的樓房，該樓房立有石碑「黎崇基舖」。黎民偉的父親、著名商人黎兆昆（崇基）早年在廣州灣經商，並購置了大量房產，「黎崇基舖」便是黎家的物業之一。

黎民偉（1893 年—1953 年）是我國香港男編劇、導演、攝影師，早期電影開拓者，中國電影先驅之一。他 16 歲便追隨孫中山先生參加辛亥革命，支持黃花崗起義。他畢生堅持「電影救國」的思想理念，並與黎北海、嚴珊珊和林楚楚等人共同開創了香港電影事業。黎民偉終恪守自己的人生準則和生活信念，為國愛民，表現出一個正直的、進步的、愛國的電影事業家與藝術家可貴的思想品格和人格魅力。他致力通過電影向世人傳遞着愛國、進步、正義的正能量，激勵着無數觀眾為國家的繁榮富強而努力奮鬥。

1816
广东省非物质文化遗产
海味月饼制作技艺
金华金钩
海味鸡仔饼
金华金钩
非遗传承
非遗文化体验馆

李漢魂將軍故居

湛江市吳川市嶺頭村

李漢魂將軍故居建於 1933 年。佔地面積約 16000 平方米，建築面積約 2400 平方米。它的文物價值在於整體建築風格獨特，規模宏偉。故居門前左右設置兩個炮樓，並有李漢魂自題的「布衣一巷」「布衣二巷」字樣。布衣二巷中設有「勤園」和「儉園」兩門，園門隔巷相對，質樸大氣。儉園內有「敬一堂」「壽母亭」、防空洞、深水井、魚池、花圃等建築。整個宅院建築雄偉，規劃合理，既體現了故居的實用功能，又增添了幾分生活的雅致與情趣。

李漢魂（1894 年—1987 年）在抗日戰爭時期歷任國民政府軍長、集團軍總司令、廣東省政府主席。其一生鐵血縱橫，善武善文，愛國愛鄉，功勳卓著，被傳頌為著名儒將；特別是愛國愛鄉之情，終生未泯，一生都在為國家和民族的繁榮富強而努力奮鬥。

1	2

1　邱　活　攝
2　藍遠峰　攝

歐子純公紀念館

湛江市吳川市博鋪街道

歐子純公紀念館，這座典雅的建築始建於 1919 年，其建成旨在深切緬懷與紀念著名藝術家歐豪年的祖父——歐子純先生。公館不僅承載着家族的記憶與榮耀，更是對歐子純先生高尚品德的永恆頌揚。

歐豪年 17 歲就開始跟隨嶺南畫派主要代表人物趙少昂先生學習繪畫，歐豪年作為他的學生，深得嶺南畫派之精魂。歐豪年將嶺南畫派引入台灣，成為當地畫壇的一支新軍。其在從事繪畫藝術創作的同時也肩負藝術教育工作，一生桃李滿天下。

1 | 2 3

1 藍遠峰 攝
2 邱 活 攝
3 邱 活 攝

清端園

湛江雷州市附城鎮南田村

清端園始建於 2006 年，以省級文物保護單位陳瑸故居為依託擴建而成，是專為頌揚明清時期嶺南「三大清官」之一——陳瑸而精心打造。園區佔地 17000 平方米，建築面積約 4000 平方米，園內主要景點有：陳瑸故居、陳瑸廉政史跡展覽館、陳瑸在台灣紀念館、詩廊墨壁、蓮池清風、短亭長思、清端文化長廊等。寧靜致遠、清正廉潔的氛圍，講述着陳瑸的一生傳奇。

陳瑸（1656 年—1718 年）中國清代官吏。陳瑸從政期間，廉潔奉公，革新吏治，勤政愛民。陳瑸最大的貢獻體現在對台灣的治理上，他抓住發展經濟這個關鍵環節，開發寶島，育物富民；他以文化為先導，興隆教化，宣導文明；他善於化解矛盾，遇事不驚，妥善處理突發事件，維護社會穩定。

1 2 3

1 詹卓乾 攝
2 邱 活 攝
3 詹卓乾 攝

江茂森故居

茂名高州市大井鎮霞降村

江茂森故居，又名「綠蔭草堂」，這是一座建於民國時期，承載着民國風情與教育光輝的歷史建築，為民國教育家江茂森的故居。綠蔭草堂為廳堂式的四合院，為適應南方的氣候特點，佈局穿堂、天井、院落、瓦頂，形成高低錯落、粉牆黛瓦、庭院深深的建築風格，營造出一片既寧靜又生機勃勃的生活空間。綠蔭草堂面積 1500 多平方米，坐北向南，分上下廳，有 20 多間房，均由天井四周的穿堂相連。

江茂森（1901 年—1982 年）著名愛國教育家，從事教育事業 40 餘年，致力於書院的治理與教育的革新，培育出無數英才，真可謂「桃李不言，下自成蹊」。江茂森先生的教育理念和愛國情懷，如同綠蔭草堂一般，蔭庇後人，影響深遠。

1 | 2
　| 3

1　詹卓乾　攝
2　藍遠峰　攝
3　詹卓乾　攝

敕封譙國夫人廟
冼太廟

冼太廟

茂名高州市區光明路

冼太廟也稱「高城冼太廟」，冼太文化公園（原潘州公園）之北隅。始建於隋，最初是由冼夫人的孫子馮盎為紀念她而建的，原廟址在今高州市長坡鎮舊城村。嘉靖十四年（1535 年），高州知府石簡主持遷建至現址。現址的高州冼太廟，經歷嘉靖四十三年（1564 年）和清同治年間兩次修繕，使之成為今日所見的宏偉規模。

高州冼太廟是全國規模最大、等級最高的冼太廟，是冼廟系列建築中的典型代表。冼太廟主體建築為三間四進，總面闊 13.2 米，進深 62.2 米，建築面積 826.3 平方米，充分展現了古代建築藝術的精湛與宏大氣魄。整個建築群極具傳統特色，紅牆綠瓦、斗拱飛簷，配以豐富的木刻、石雕、陶塑、壁畫等藝術裝飾，各進之間有天井和迴廊連接。

冼夫人（約 513 年－602 年）作為南越首領，她順應歷史潮流，致力維護國家統一、促進民族團結。冼夫人的歷史功績及愛國愛民精神，為歷代所敬仰，受到人們的頂禮膜拜。周恩來總理曾稱頌冼夫人為「中國巾幗英雄第一人」。

1　2　3

1　穆　亦　攝
2　穆　亦　攝
3　穆　亦　攝

1 | 2

1 張永林 攝
2 藍遠峰 攝

關山月故居

陽江市江城區那蓬村

關山月故居，青磚灰瓦，簡約而不失雅致，充分體現了嶺南傳統民居的特色。現已建設成為生活館和展覽館，佔地面積均為 120 平方米。館內展出關山月先生的一些生活用品和代表作。房間裏面有兩房一廳、一廚房、一天井。那些散發着古樸和年代感氣息的老物件，記錄着歷史，也還原了關山月先生兒時生活的場景。

關山月（1912 年—2000 年）是我國當代國畫藝術大師 、書法家、美術教育家，嶺南畫派卓有成就的代表人物。其崇尚畫道革新、「筆墨當隨時代」，關注社會民生，深入生活，弘揚主流意識，以昂揚向上、深沉雄健的藝術風格為祖國江山造像。他始終依時代之需不斷轉換主題，與時代同行、與民眾共呼吸、與國家同命運。一生致力於培養年輕一代的藝術人才，將自己的藝術理念和創作經驗無私地傳授給後人，為中國國畫藝術的傳承與發展作出了重要貢獻。

薛嶽故居

韶關樂昌市九峰鎮坪石村委會大路下村

薛嶽故居始建於民國二十八年（1939 年），坐西南朝東北。為歇山頂，一層磚木結構建築，西式建築風格，其平面佈局呈長方形，山面開門建築面積約 309 平方米。四周迴廊，西式四方柱，中式木花格與西式玻璃扇相結合的豎窗，使得這座故居在歲月的洗禮下依然熠熠生輝。該故居是民國時期中西建築文化結合的產物，具有較高的歷史、科學和藝術價值。

薛嶽（1896 年—1998 年），我國國民革命軍著名的抗日將領、軍事家。作為一位在抗日戰爭中立下赫赫戰功的將領，薛嶽的英勇事蹟和愛國情懷被後人廣為傳頌。而他的故居，不僅具有較高的歷史價值，還蘊含着豐富的藝術價值，也成為了人們緬懷先烈、傳承紅色基因的重要場所。

1　隋 彪 攝

麥家大院

清遠市鳳城街道龍船塘社區

麥家大院又稱「麥天合」，建成於 1921 年，是一座三進的舊式院落，保持着較為完好的清代建築面貌，據考證為清遠市清城區現存最大的傳統民居。其範圍「東枕龍船塘古榕，南鄰豬行近北江，西奝能賞渠坑月，北樓柱抵石灰塘」。整座宅院共有東中西三路房屋，均為三進四合式佈局，高二至三層，設有天井庭院，每路屋宇之間隔有麻石巷道。後花園錯落分佈着亭台橋榭、迴廊、水池、假山、花圃等。

麥家大院主人為清末民初時期商人麥楚珍，因麥楚珍父親麥霖芳在清末開設的當舖名為「天合」，故將這座莊園稱為「麥天合」。然而，歷史的風雲也曾在麥天合留下痕跡。1945 年，日軍入侵時曾駐兵麥天合，將其作為在清遠的最高指揮部。1949 年 10 月清城解放，中共清遠縣委駐麥天合北園，至 1956 年建新縣委辦公樓時遷出。其後，麥天合被陸續拆除，至今僅存三路青磚屋的其中一棟，成為歷史的見證。現麥天合北園舊址已被清遠市清城區政府列為不可移動文物名錄。

1 | 2

1 梁惠波 攝
2 梁惠波 攝

光祿第

梅州市大埔縣西河鎮車龍村

光祿第坐南向北，背依漳溪河，建於清朝光緒三十四年（1908 年），是愛國僑領張振勳在南洋發家後所建，已有一百多年歷史。佔地面積 4300 平方米，建築面積約 4700 平方米。屬土木結構建築，為三進院落府第式四橫一圍樓。設有花園、果園、書齋和私人碼頭，這座府第，歷經十餘年精心營造，最多時可容納百餘人共居，其規模之宏大，可見一斑。

張振勳（1841 年—1916 年）字弼士，是著名的客屬華僑實業家，愛國僑領、近代中國「實業興邦」的先驅、張裕葡萄酒創始人，推動了中國近代釀酒、鐵路、礦山、現代農業、現代金融業的起步和發展。推動僑務與外交，團結華僑，互幫互助。同時，非常重視華僑教育，創辦了新加坡第一家學校——應新華文學校。其一生是對「愛國、愛鄉、興業」最生動的詮釋，他以實際行動踐行了「實業救國」的理想，為後世留下了寶貴的精神財富。他的事蹟和貢獻至今仍被後人銘記和傳頌。

1　2　|　3　4

1　隋　彪　攝
2　隋　彪　攝
3　秦宗良　攝
4　吳敬芳　攝

黃遵憲紀念館

梅州市梅江區金山街道周溪畔

黃遵憲紀念館由其書齋「人境廬」以及故居「榮祿第」和民居「恩元第」三處相連而成。故居「榮祿第」，重建於清光緒七年（1881 年），是一座三堂兩橫式的傳統客家民居建築，西側另建三間，呈「九廳七井」樣式。「榮祿第」側的書齋「人境廬」，是二層磚木結構園林式建築。「人境廬」則取義於東晉詩人陶淵明「結廬在人境，而無車馬喧」的之意境。

黃遵憲（1848 年—1905 年）是我國著名的愛國詩人、外交家、政治家、教育家、文學家、史學家、民俗學家。在任駐美國三藩市總領事期間，極力維護華僑權益，為華商和華工的正常往來爭取了權益。在任外交官期間，努力維護國家主權和民族尊嚴，積極促進國際間友好合作。此外，他還致力於文化傳承與知識普及，為後世留下了豐富的精神遺產。孫中山先生對黃遵憲的評價是：「黃遵憲是做大事，不是做大官的學者」。毛澤東先生則把黃遵憲歸為近代中國革命先行者的行列，足見其在中國近代史上的重要地位與深遠影響。

1 2 | 3

1 吳敬芳 攝
2 吳敬芳 攝
3 丁俊豪 攝

榮祿第
恩元第
人境庐和荣禄第
黃遵憲紀念館
Huang Zunxian Memorial

李惠堂舊居

梅州市五華縣橫陂鎮老樓村

李惠堂舊居又名「聯慶樓」，不僅是李惠堂家族歷史的見證，也是這位「世界球王」傳奇生涯的起點之一。由世界球王李惠堂之父李浩如於光緒十八年（1892 年）所建。舊居佔地面積約 4400 平方米，建築面積約 3500 平方米。「聯慶樓」為客家地區常見的「四點金」式建築，面寬五間、三進深四合院佈局，左右各置一幢橫屋，四角分置四層炮樓，背後築一層圍屋，門前設曬穀坪、照牆、左右轉斗門和半月形水池。

李惠堂（1905 年—1979 年）出生於中國香港，其父李浩如是香港石料行業巨賈。李惠堂 5 歲那年，隨父母回到家鄉老樓村居住。自幼對足球的熱愛，讓他在簡陋的環境中也能找到訓練的樂趣，家門旁的狗洞成為了他最初的「球門」。他是中國近代體育史上著名的足球運動員，通過不懈的努力和卓越的表現，向世界展示了中國足球運動員的風采與實力，為中國足球的發展奠定了堅實的基礎，為中國足球的崛起貢獻自己的力量。李惠堂被譽為「亞洲球王」「世界球王」，是當時中國登上世界足壇最高榮譽的第一人。

1 | 2

1 秦宗良 攝
2 吳敬芳 攝

林風眠故居

1 | 2

1 吳敬芳 攝
2 秦宗良 攝

梅州市西陽鎮閣公嶺村

林風眠故居建於清代，坐南向北，前擁池塘，後枕山樑，依地勢高築石台，主體建築為四合院式客家民居。平面佈局沿南北中軸線設門樓，東西軸線西端設廳堂。廳堂後牆左右辟一小門通往附屬建築左側外橫屋。夯築土木石結構、灰瓦面，懸山式。尤其台基、天井地板的建築材料採用大量的鵝卵石而顯得自然古樸。這座四合院式的客家民居，以其古樸典雅的建築風格和獨特的地理位置，為林風眠提供了一個靜謐而富有靈感的創作環境。

林風眠（1900 年—1991 年）中國近現代著名畫家、藝術教育家、理論家。1983 年，林風眠最終在香港落定腳跟，直到過世。他被譽為「中西融合」藝術的先驅，巧妙地將中國傳統藝術的精髓與西方現代藝術的技法相結合，創造出既具東方韻味又不失國際視野的獨特藝術風格，為中國現代藝術的發展開闢了新的道路。作為教育家，他先後擔任國立北平藝術專科學校（現中央美術學院）校長和國立藝術學院（現中國美術學院）院長，致力於培養新一代的藝術人才。在他的引領下，這些學府成為了孕育藝術創新與傳承的重要搖籃，培養出了趙無極、艾青、吳冠中等一批享譽國內外的藝術大師，為中國乃至世界藝術界輸送了寶貴的藝術力量。

劉錦慶故居祖祠

梅州市梅江區三角鎮上坪村

劉錦慶故居祖祠雅稱「七賢居」亦名「肅貽廬」。該居坐東北向西南，由禾坪、堂屋、橫屋、化胎、枕屋等組成，二層走馬樓佈局，硬山頂、灰瓦面、三合土夯牆，為三堂二橫一附杠一後枕方形圍龍屋，建築格局精妙。「七賢居」之名，寓意着屋主劉琳球先生膝下七子皆賢能，家族興旺之兆。該建築同時也是歷任中國政法大學校長、司法部部長、公安部部長、最高人民檢察院檢察長劉復之同志（1917 年—2013 年）的故居，對研究中國革命史和緬懷革命先輩、弘揚華僑愛國愛鄉精神、開展愛國主義教育具有重要意義。

劉錦慶（1926 年—1999 年）作為中國香港工商界的知名人士與社會活動的傑出代表，他的一生是對家鄉深情厚誼的生動詮釋。他不僅以卓越的商業成就享譽海內外，更將滿腔熱忱傾注於家鄉的文化教育事業，不遺餘力地推動其繁榮發展。

1　2

1　秦宗良　攝
2　王寶生　攝

丘逢甲故居

梅州市蕉嶺縣文福鎮逢甲村

丘逢甲故居建於清光緒二十二年（1896 年），歷經數次精心修繕，尤其是 2012 年的整體復原工程，使得其得以完整保留並展現清代客家建築的獨特魅力。該建築坐西向東，由泮池、禾坪、堂屋、花胎、圍龍、橫屋等組成，為兩堂四橫一圍龍佈局，通一進三間，佔地面積約 2900 平方米，建築佔地面積約 1900 平方米。這裏是弘揚丘逢甲先生的愛國主義精神和進行愛國主義教育的重要基地，也是大陸和台灣地區之間的橋樑和紐帶。

丘逢甲（1864 年—1912 年）是我國近代著名的抗日志士、愛國詩人、教育家。他既是一位抗日保台志士，又是一位渴求祖國統一，為振奮民心操勞的愛國赤子。當民主革命潮流風起雲湧的時候，他能夠順應歷史潮流，從維新立場轉變到革命派，為推翻清王朝，建立民國作立下汗馬功勞，為振興中華，抗日保台奮鬥了一生，他的愛國思想與實踐，對於促進國家統一、民族復興具有不可磨滅的歷史意義，值得我們繼承和發揚。

1　隋彪攝

培遠堂
培栽後進
遠繼先芬
丘逢甲故居

田家炳祖居

梅州市大埔縣高陂鎮銀灘村

田家炳祖居，又名「拱辰樓」，這座始建於清嘉慶元年（1796 年）的古建築，其名源自唐代詩人劉禹錫的佳句「相印昔辭東閣去，將星還拱北辰來」，由田家炳先生的高祖父田振多公親手締造，承載着田家幾代人的智慧與汗水。殿堂式佈局，磚木結構，二進院落。上廳樓房高二層，中間為主廳，兩側各有兩個廂房；下廳平房，中間為天井。整個建築規模不大，但佈局合理，舒適宜人，是田家炳家族輝煌歷史與慈善精神的實物見證。

田家炳（1919 年—2018 年）作為香港著名的企業家與慈善家，他一生致力於慈善事業。其創辦的田家炳基金會，截至 2018 年，已在全國範圍內捐助了包括 93 所大學、166 所中學、41 所小學在內的眾多教育機構，以及約 20 所專業學校與幼稚園，為教育事業的發展做出了不可磨滅的貢獻。此外，他還捐建了 1800 餘間鄉村學校圖書室、29 所醫院、近 130 座橋樑及道路，以及 200 多宗其他文娛民生專案，其善舉遍佈大江南北，被譽為「中國百校之父」。

1 隋彪攝

拱辰樓
五福臨門

壽廬
壽爲五福始
廬粹一堂春

鄒魯故居

梅州市大埔縣茶陽鎮長治仁厚村

鄒魯故居又稱「敬愛堂」，建於清代，坐西向東，背靠蜈蚣山，面向仁厚村。一正四横，為土木結構。建築面積約 1350 平方米，佔地面積約 1600 平方米。正門前方 20 米豎有 5 支石華表，為清道光年間和民國年間所豎，這些石華表記載着鄒氏祖先光輝的歷史功績。

鄒魯（1885 年—1954 年）是我國近現代著名政治家、教育家和著名學者，國民黨元老之一。此外，他不僅是樂群中學（大埔中學前身）、潮州師範的創辦人，還是中山大學的創辦人和中山大學第一任校長。在擔任校長期間，鄒魯致力於提升學校的學術水準和教學品質，為中山大學的發展奠定了堅實基礎。其大力延攬人才，抓前沿學科建設，使得中山大學在短時間內成為國內一流的高等學府。鄒魯一生不僅在教育領域有着卓越的貢獻，更在政治舞台上留下了深刻的印記。

1 黃一平 攝

曾憲梓故居

梅州市梅縣區珊全村道

曾憲梓故居建於清代，由曾氏十九世曾書郎公所建。坐東北向西南，為二堂二橫一圍龍屋，佔地面積約 700 平方米；合瓦屋面，土木石結構，古樸中透露着歲月的靜謐。正立面設凹式門樓，左側設一斗門。該建築不僅是研究梅縣客家傳統民居建築及曾憲梓生平的寶貴材料，也是其愛國精神的永恆見證。

曾憲梓（1934 年—2019 年）香港金利來集團創始人，香港梅州總商會永遠榮譽會長、曾任全國工商聯副主席、第八屆、九屆、十屆全國人大常委等職於 1997 年獲頒「大紫荊勳章」。其一生熱愛祖國，熱心捐資支持國家教育、航太、體育、科技、醫療與社會公益事業。曾憲梓一生堅信「沒有共產黨就沒有新中國」，秉承「愛國愛港愛家鄉，為國為港為人民」宗旨，恪守「勤儉誠信」信念，艱苦創業、奮力拚搏，無私奉獻、造福桑梓，他的崇高品格和風範將永遠光耀後世。

1 | 2

1 秦宗良 攝
2 吳敬芳 攝

三省堂
東魯家聲
南豐世澤
梅县区
侨情侨史教育基地
曾宪梓故居
Former Residence of Zeng Xianzi

崇伊中學

河源市東源縣黃村

崇伊中學地處紫（金）五（華）龍（川）河（源）邊區的七目嶂邊峰下，是一所具有百年輝煌歷史的華僑學校。1926 年由程廷勳、程炳章、程沛霖等先賢秉懷教育興邦之志創辦，是廣東省早期的四大著名僑校之一，見證了無數海外赤子對家鄉教育的深情厚誼。

崇伊學校內設立了「華僑之家」和「華僑接待聯絡處」，不僅成為了連接海內外華人華僑情感的紐帶，更是促進文化交流與合作的橋樑。這裏不僅承載着傳承知識的重任，更在凝聚僑心、匯聚僑力方面發揮着不可替代的作用。它如同一座璀璨的燈塔，照亮了無數海外華人華僑回饋桑梓、支持家鄉教育事業的道路，激勵着後來者繼續書寫着關於愛與奉獻的動人篇章。

1 | 2

1 隋 彪 攝
2 秦宗良 攝

附錄

採風花絮

"文化寻根"主题摄影采风活动

"文化寻根"主题摄影采风活动

“文化寻根”主题摄影采风活动

“文化寻根”主题摄影采风活动

SANDIE

FILA

逸峰趙公祠
壽錫九疇
世承三派
“文化寻根”主题摄影采风活动

採風隨想

「文化尋根」是一項大型主題採風活動，我們第三組負責前往粵北地區紀錄祖宅宗祠。

在這次採風中，令我印象最深刻的是南雄珠璣巷這條嶺南文化的匯聚之路，這條路承傳着中華民族的血脈之根，文化之源，鄉愁之念，在珠璣巷的劉氏公祠掛着這樣的一副非常工整而又情深意長的對聯，體現出客家人日思夜念家鄉的尋根夢：

東行西走上上下下找家人
南來北往前前後後尋根祖

秦宗良（香港）

祠堂文化是承載着家族的輝煌與傳統，記載着族序與家史的族譜，是血脈相連的海內外赤子思鄉尋根的心靈聖地。有幸參加廣東「文化尋根」採風攝影活動，用相機直觀記錄各地祠堂的建築風格，精美的木雕，石刻，繪畫，嵌瓷，使之更有可觀賞性。

楊宏鎮

我很榮幸參與粵港澳大灣區「文化尋根」攝影活動，此活動促進三地「同根同源」的文化交流，增進家國情懷，意義深遠！我們第五組在拍攝期間受到地方宣傳部和群眾的大力支持，完美融入當地的非遺傳統文化，令古建築注入靈魂。例如鬱南蘭寨的禾樓舞，高州梁宅的木偶戲等。其中令人感動的是遂溪金芝公祠村民為配合拍攝，自籌資金過萬元，清潔公祠煥然一新，彩旗飄飄，醒獅舞動，體現了當地村民對歷史古建築厚重濃烈的感情！活動不但為古建築留影，同時讓當地對古建築保護得以進一步的重視。如高州的梁氏大宅，拍攝活動之後，大宅修繕資金到位……衷心希望後續的展覽和畫冊火爆，令「尋根問祖，宗親文化」薪火相傳！

藍遠峰

我作為一名生於香港的業餘攝影者，對「尋根」的定義並不是特別注重。但通過這次隨隊採風行動，我有機會拜訪河源和梅州等地的名人舊宅、故居、家祠和宗廟，這些地方充滿了濃厚的歷史文化色彩，我逐漸瞭解為何人們要離鄉往外地打拚，及後事業有成又對故鄉的思念，我感謝主辦單位提供了「尋根」這個主題。讓我在這個旅程中，不僅豐富了作品，更加深體會到家鄉的文化魅力。

吳敬芳（香港）

這次廣東「文化尋根」主題攝影之旅，融匯於古老精美的嶺南建築、淳樸的民俗、傳統的技藝，令我陶醉，走過的每一處都讓我心動；這不僅是攝影，更是心靈的觸動。置身其中，我努力用鏡頭去捕捉嶺南文化的靈魂，領略它的魅力與韻味，用瞬間藝術傳遞文化的深厚底蘊，讓更多人感受這份獨特魅力。

王孔生

在「文化尋根」組委會的邀請下，我作為澳門攝影界的一員很榮幸能夠參與這次潮州傳統文化的攝影活動，不僅是一次文化交流的機會，也是一次深入理解潮汕地區文化保護與傳承的實踐。

在此次攝影活動中，我特別關注的是那些為國家作出重大功績的名人紀念館和家族宗祠。這些地方不僅是紀念歷史人物的重要場所，也是傳承和教育後代的重要基地。通過對這些紀念館和宗祠的詳細介紹和拍攝，有效地記錄和傳播潮汕地區的歷史文化和精神價值。這次潮州傳統文化攝影活動，不僅是對潮汕地區文化遺產的一次視覺記錄，更是對其文化價值和傳承意義的一次深度認識。通過這樣的活動，進一步提升了公眾對潮汕文化遺產的尊重和保護意識。

譚敬（澳門）

作為一個澳門攝影創作人，潮汕獨特的地域特色作為攝影創作題材，這十多年來一直吸引着我常到該地區採風創作。多謝主辦單位今次「文化尋根」活動的邀請，讓我有機會從更多的維度去接觸瞭解潮汕歷史文化，希望借這次活動能夠以攝影為媒介，讓人們更加瞭解潮汕地區的深厚文化底蘊及歷史脈絡。

陳顯耀（澳門）

參加這次「文化尋根」攝影採風活動，看得最多的就是各地的祠堂。在嶺南，聚族而居，族必有祠。祠堂已是嶺南文化中極為重要的瑰寶。我們所拍攝的這些祠堂，多為當地傾全族之力而建，建築力求盡善盡美，可以説是嶺南民間建築藝術集大成者。從這些祠堂的建築風格及裝飾藝術中，我們感受到了人們對於「家庭、家族、家鄉、家國」的情懷，以及嶺南人對祖先、對家鄉血濃於水的感情寄託。

劉烜偉

當我背着相機，走在「尋根」路上，走進分佈在南粵大地多個地域的宗廟、祖祠和名人故居，親身體會到粵港兩地，地緣相近、人緣相親、同源同根。同時，也令我更加懂得，以影像的方式，尋找和記錄先祖之根、血脈之根、文化之根、家國情懷之根的意義和使命。

陳炳忠（香港）

祠堂、老屋、古樹、故居如散落在大灣區北的一粒粒珍珠，我們用鏡頭走過的軌跡串起這些珍珠，做成尋根問祖的項鏈，掛在我們海外遊子的胸前，成為我們永久的記憶！

張勇軍（香港）

「文化尋根」主題攝影活動在多方協作下順利完成。比如鄭裕彤祖屋拍攝，通過廣東省委宣傳部與香港中聯辦的協調溝通，鄭氏家族主動配合，管家不僅開放佛山倫教祖宅供專業拍攝，還特別展示了見證家族發展的濱河新居。此次活動獲得港澳同胞支持拍攝多處歷史建築，為留存大灣區共同文化記憶提供了珍貴影像檔案。

黃志強（香港）

作為香港攝影愛好者，我有幸參與「文化尋根」攝影採風，深入廣東各地，鏡頭下盡展嶺南風情。古韻今風交織，讓我深切感受到文化的厚重與活力。此行不僅捕捉了光影之美，更觸動心靈，加深了對中華文化的認同與熱愛。感謝主辦方，這將是我攝影生涯中難忘的一頁。

陳體根（香港）

雖然只有短短幾天拍攝時間，但那次活動讓我受益匪淺。我覺得自己現在拍出來的只能算是照片，還不能稱為作品，因為攝影表達的不僅是你所看到的景色，更是當時的一種心境，讓觀眾能引起共鳴，而這也是我以後努力的方向。

葉慧茵（香港）

文化尋根，難以掩飾的家國情懷粵港澳大灣區，既是開中國改革開放之先的經濟最發達地區，更是一個神奇的人文歷史灣區，家廟宗祠遍佈。

處於同一南粵廣府文化氛圍中的全新灣區，這裏「家」歸屬感尤為濃郁，同聲同氣，同撈同煲；這裏的人們有着深深的區域認同感、民族認同感和國家認同感。

作為「文化尋根」採風活動的兩岸四地攝影師一員，參與拍攝活動，感受到強烈的家國情懷，十分榮幸。

黃小軍

「文化尋根」主題攝影活動讓我深刻體會到中華文明的傳承力量。在記錄的過程中，這些融合建築智慧的家族印記，既展現了先輩因地制宜的營造智慧，也印證着文化根脈在現代化進程中的生生不息。活動更讓年輕一代通過可視化載體觸摸到跨越時空的文化基因。

梁惠波（香港）

我很榮幸能夠參與這次為期一個月的「文化尋根」採風活動，活動期間參觀了眾多歷史遺跡和建築，也接觸到不少非遺民俗。廣東省內的客家文化、潮汕文化、廣府文化也深深地影響着香港，帶給香港文化的多樣性。我深刻感受到粵港人民同根同源、一脈相承的文化根基。

隋彪（香港）

在這個快速發展的時代，文化尋根顯得尤為重要。通過攝影，我們可以捕捉到那些承載着歷史與傳統的瞬間。鏡頭下的老街巷、祠堂建築、傳統手工藝和民俗活動，都是中華文化的縮影。每一張照片不僅記錄了美麗的風景，更傳遞了深厚的文化底蘊。通過這次「尋根」攝影，我們能夠更好地理解自己的根，感受祖輩們的智慧與情感。拍攝紅線女故居展覽，使我感觸良多，讓我們用相機記錄下這些珍貴的瞬間，傳承與發揚我們的文化遺產。

廖麗珊（香港）

我的父母是印尼華僑，祖籍在廣東普寧，爺爺那代就去了印尼，因印尼排華而回到祖國再到澳門。本次「文化尋根」活動幸運到訪潮汕地區，這裏對我而言既熟悉又陌生，本次拍攝讓我能更深入瞭解潮汕文化，除了感謝主辦單位及工作人員之外，也要感謝一起參與拍攝的老師們，在他們身上也學習了不少經驗。

黃榮生（澳門）

很榮幸獲邀參加「文化尋根」攝影活動，活動中所見的每一處景致，都承載着厚重的文化累積。透過鏡頭捕捉，我感受到了這裏源遠流長的血脈印記，身為澳門土生土長的一代，活動讓我更深切地認識到自身的文化和民族認同，激起了內心對祖國的無比熱愛。我用鏡頭記錄下這些包含歷史韻味的瑰寶，讓其傳承下去。

馬志信（澳門）

有幸參與「文化尋根」活動，讓我用鏡頭去觸摸歷史，感受每一塊青磚綠瓦背後的故事。通過這次活動，也瞭解到我們非常多的珍貴的文化傳承與歷史，每一次拍攝，都是對傳統的致敬，對記憶的珍藏。感謝文化尋根活動！

邱活

在中國人的心中，家和家鄉永遠是那個最溫暖的港灣。無論身處何方，離鄉幾許，眼睛總會望向家的方向，這或許就是深藏於我們中華兒女每個人內心深處最柔軟的鄉愁。

丘世亮

這次「文化尋根」主題攝影活動，讓我深刻感受到了粵港澳大灣區文化的深厚底蘊。通過鏡頭記錄祖屋宗祠等建築，我感受到了血濃於水的家國情懷。與其他攝影師的交流讓我獲益匪淺，提升了我的攝影技巧和對中華優秀傳統文化的認知。

梁譽鏵（香港）

有幸參加了「文化尋根」活動，感覺到這次的活動非常有意義，不僅參觀了那些歷史名人的故居，也欣賞了一些古建築的韻美。希望通過這次的活動呼籲更多的人來參與保護這些名人故居，讓這些古建築文化得以發揚傳承。

詹卓乾

2023 年冬，有幸成為拍攝廣東佛山、順德、中山、珠海一帶名人故居攝影師之一，也是來自台灣的唯一，雖然身體上出現了一些狀況，但覺得這是一個非常有意義、值得拍攝的好體裁、最後還是堅持到完成拍攝任務。拍攝過程中我深刻地感受到先輩們為了家庭、為了生存，所付出的艱辛，經歷的困難，都是我們現代人所無法想像的，更難得的是，等他們成功之後，不忘初心，不忘家鄉，不忘祖國的情懷，深植於心底。

林添福（台灣）

一個人可以影響一個家族，甚至可以影響一個國家，通過這次「文化尋根」的拍攝活動，每當站在那名人的故居、家祠，還有一些特殊的建築群時！那種歷史的厚重感和氣息撲面而來！讓我用手中的鏡頭試圖去尋找那一磚一瓦一物所留下的那段歷史！

通過系統的拍攝記錄，希望這批作品從一個角度去重現那輝煌的時刻！希望能引起人們的共鳴與關注！並承前人的軌跡繼續為之奮鬥！

吳錦榮

參與「文化尋根」採風，我深感榮幸，這是一段探索潮汕悠久文化的難忘旅程。久居澳門，我鮮少有機會深入內地拍攝。潮汕的古建築群讓我既感新鮮又興趣盎然。古牆訴說着往昔，木雕石雕精美絕倫，展現了前人的精湛技藝。每棟建築都獨具特色，或莊嚴或靈動。我持相機盡情捕捉每一個細節，感受歲月留下的痕跡。此行不僅讓我對潮汕歷史文化有了更深的認識，更體驗到中華文化的深厚底蘊。期望未來有更多機會，繼續用鏡頭記錄中華文化的瑰寶。

蕭建誠（澳門）

參加這次「文化尋根」活動，組委會精選拍攝場景，「兵分五路」進行採風，讓我更進一步理解習近平總書記指出的：「中華優秀傳統文化是中華文明的智慧結晶和精華所在，是中華民族的根和魂，是我們在世界文化激蕩中站穩腳跟的根基」的理論內涵。「立根鑄魂」就要把優秀傳統文化精神及其具有當代價值、世界意義的精髓提煉、展示出來。

黃禮祥

後記

本次「文化尋根」主題攝影採風活動精心規劃了五條採風綫路，團隊足迹遍及潮汕僑鄉、廣府村落、客家圍屋。攝影家們不辭辛勞，頂烈日、冒風雨，深入偏遠村落，踏入年久失修的老屋，只為捕捉最真實、最具感染力的瞬間。

儘管團隊已竭力搶救記錄，但仍因時間有限、部分建築損毀嚴重等，未能完整收錄所有文化遺產。「故園行」團隊對此倍感惋惜，但這也為我們下一步的工作部署埋下了伏筆。

活動成果結集成冊，編輯團隊與專家顧問對數千張影像作品進行了多輪的嚴格審閱與篩選。每一幅作品都經過反復斟酌，力求涵蓋藝術性、歷史價值與文化內蘊。最終，我們不得不抱憾做出取捨，精選出六百餘幅作品。全書內容架構以三重文化維度展開：「血緣為根 崇宗敬祖」章節通過祖屋宗祠展現血脉傳承；「以文為魂 崇文尚德」章節突顯建築特色、楹聯雕飾等，解碼耕讀傳家的文化基因；「家國為先 崇源奉國」章節則依托名人故居，追溯先賢「達則兼濟天下」的家國擔當。在地域維度上，我們按珠三角廣府文化圈、粵東潮汕文化區、粵西雷陽文化帶、粵北客家文化廊進行地域劃分，既彰顯「一核一帶一區」發展格局中的文化多樣性，又構建起大灣區與粵東西北的文化對話場域。

在此，感謝廣東省人民政府新聞辦公室、香港中聯辦宣傳文體部、澳門中聯辦宣傳文化部、香港文聯、暨南大學、廣東省攝影家協會及各地宣傳部門的指導和支持！感謝攝影家們與工作團隊的辛勤付出。我們深知，攝影集容量有限，無法囊括所有精彩與厚重。以本次影像記錄作為灣區文化傳承的新起點，我們將持續推進影像素材的積累工作，為粵港澳文化共建留存更為豐富、更為完整的集體記憶載體，讓歷史的根脈在影像中生生不息。

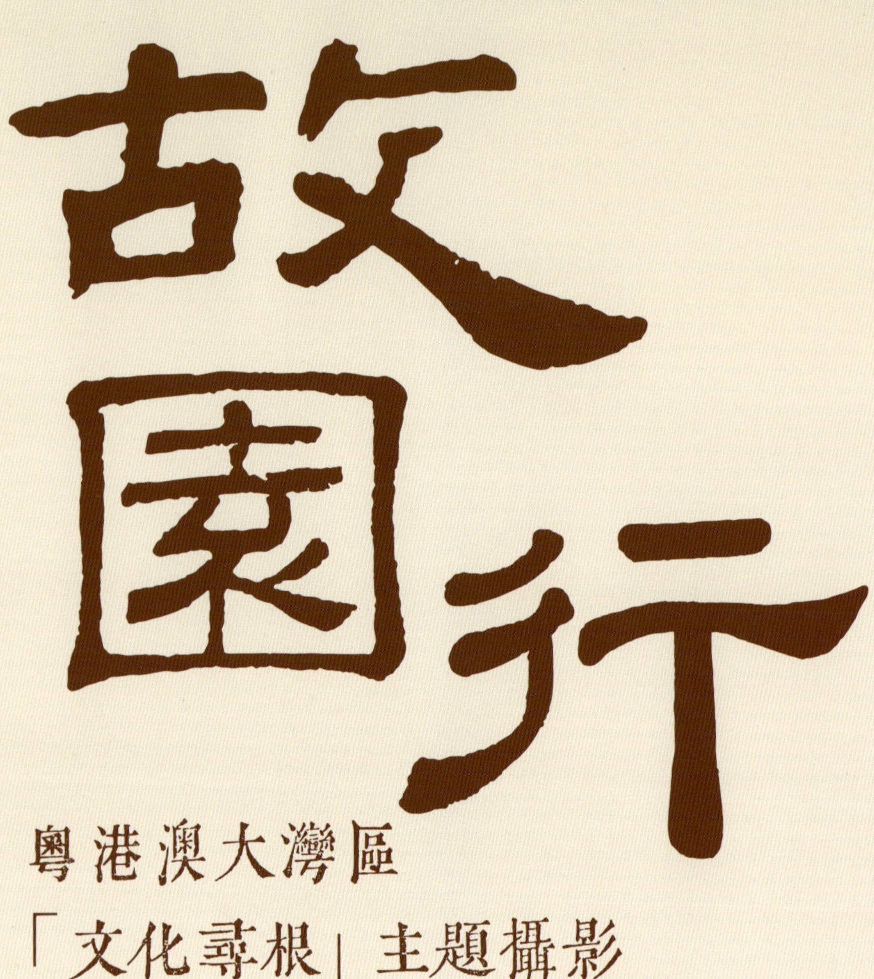

故園行

粵港澳大灣區

「文化尋根」主題攝影

本書編委會　編

本書繁體版由廣東嶺南美術出版社授權出版，
於中國大陸以外地區發行。

本書編委會

總策划：穆　亦
主　　編：肖延兵
執行主編：蕭宿榮　劉子如
副主編：劉向上
編　　撰：徐南鐵　李　穎

統籌組織：廣東省出版集團　聯合出版集團
支持單位：廣東省人民政府新聞辦公室
香港中聯辦宣傳文體部
澳門中聯辦宣傳文化部
香港文聯
暨南大學

責任編輯　俞　笛
裝幀設計　鄭喆儀
排　　版　鄭喆儀
印　　務　劉漢舉

出版　中華書局（香港）有限公司
香港北角英皇道 499 號北角工業大廈一樓 B
電話：（852）2137 2338　傳真：（852）2713 8202
電子郵件：info@chunghwabook.com.hk
網址：http://www.chunghwabook.com.hk

發行　香港聯合書刊物流有限公司
香港新界荃灣德士古道 220-248 號
荃灣工業中心 16 樓
電話：（852）2150 2100　傳真：（852）2407 3062
電子郵件：info@suplogistics.com.hk

印刷　美雅印刷製本有限公司
香港觀塘榮業街 6 號 海濱工業大廈 4 樓 A 室

版次　2025 年 6 月初版

規格　12 開（280mm×280mm）

ISBN　978-988-8914-58-6